*agneau*

Révision et correction : Monique Richard et Caroline Yang-Chung
Photographie : Tango
Styliste culinaire : Jacques Faucher
Styliste accessoiriste : Luce Meunier

L'Éditeur remercie la boutique montréalaise Les touilleurs
pour le prêt des accessoires ayant servi aux photographies.

Catalogage avant publication
de Bibliothèque et Archives Canada

Vedette principale au titre :

Agneau

(Tout un plat!)

1. Cuisine (Agneau et mouton).   I. Fédération des producteurs
d'agneaux et moutons du Québec.   II. Collection.

TX749.5.L35A36 2005       641.6'63       C2005-941556-8

Pour en savoir davantage sur nos publications,
visitez notre site : www.edhomme.com
Autres sites à visiter : www.edjour.com
www.edtypo.com • www.edvlb.com
www.edhexagone.com • www.edutilis.com

09-05

© 2005, Les Éditions de l'Homme,
une division du groupe Sogides

Dépôt légal : 3ᵉ trimestre 2005
Bibliothèque nationale du Québec

Tous droits réservés

ISBN 2-7619-2098-8

DISTRIBUTEURS EXCLUSIFS :

• Pour le Canada et les États-Unis :
MESSAGERIES ADP*
955, rue Amherst
Montréal, Québec  H2L 3K4
Tél. : (514) 523-1182
Télécopieur : (450) 674-6237
* Filiale de Sogides ltée

• Pour la France et les autres pays :
INTERFORUM
Immeuble Paryseine, 3, Allée de la Seine
94854 Ivry Cedex
Tél. : 01 49 59 11 89/91
Télécopieur : 01 49 59 11 96
**Commandes** : Tél. : 02 38 32 71 00
            Télécopieur : 02 38 32 71 28

• Pour la Suisse :
INTERFORUM SUISSE
Case postale 69 - 1701 Fribourg - Suisse
Tél. : (41-26) 460-80-60
Télécopieur : (41-26) 460-80-68
Internet : www.havas.ch
Email : office@havas.ch
DISTRIBUTION : OLF SA
Z.I. 3, Corminbœuf
Case postale 1061
CH-1701 FRIBOURG
**Commandes** : Tél. : (41-26) 467-53-33
            Télécopieur : (41-26) 467-54-66

• Pour la Belgique et le Luxembourg :
INTERFORUM BENELUX
Boulevard de l'Europe 117
B-1301 Wavre
Tél. : (010) 42-03-20
Télécopieur : (010) 41-20-24
http://www.vups.be
Email : info@vups.be

Gouvernement du Québec – Programme de crédit d'impôt pour l'édition de livres – Gestion SODEC – www.sodec.gouv.qc.ca

L'Éditeur bénéficie du soutien de la Société de développement des entreprises culturelles du Québec pour son programme d'édition.

Conseil des Arts du Canada   Canada Council for the Arts

Nous remercions le Conseil des Arts du Canada de l'aide accordée à notre programme de publication.

Nous reconnaissons l'aide financière du gouvernement du Canada par l'entremise du Programme d'aide au développement de l'industrie de l'édition (PADIÉ) pour nos activités d'édition.

tout un plat !

# *agneau*

LES ÉDITIONS DE L'HOMME

# *Introduction*

L'agneau est une viande tendre au goût fin qui possède de grandes qualités nutritives. Elle est de plus en plus consommée au Québec, et pour cause : une grande diversité de coupes est offerte. Cet éventail de choix permet de mettre en valeur les multiples façons d'apprêter cet aliment. Viande de toutes les cultures, l'agneau est apprécié partout dans le monde et notre province ne fait pas exception. Les chefs de toutes les régions du Québec ont mis la main à la pâte pour vous dévoiler les mystères de l'agneau. Afin que tous trouvent dans cet ouvrage de quoi les réjouir, les recettes ont été sélectionnées avec soin et proviennent d'une variété de cultures. Ce livre contient des recettes originales que vous pourrez préparer pour les grandes occasions ou pour vous faire plaisir au quotidien.

Depuis plusieurs années, l'agneau du Québec a pris son envol. Doté aujourd'hui d'un cheptel d'un quart de million de têtes, le Québec est parmi les chefs de file de la production au pays. Il est d'ailleurs tout à notre honneur de faire connaître et apprécier cette viande au goût si particulier. Un des défis de la production ovine québécoise a été d'offrir aux consommateurs de l'agneau frais tout au long de l'année et d'assurer une qualité constante du produit. L'entreprise a été couronnée de succès, puisque l'agneau frais du Québec est dorénavant sur nos tablettes à longueur d'année.

L'innocuité et la salubrité alimentaires sont des aspects primordiaux autant pour le consommateur que pour le bien-être de l'industrie. C'est ainsi que l'identification de l'ensemble des sujets ovins québécois et la traçabilité ont été rendues obligatoires. Il va de soi que cette spécificité québécoise est de bon augure pour la viande d'agneau et la positionne bien par rapport aux produits importés.

L'agneau est une viande que l'on veut juteuse et délicate à souhait. En plus d'égayer les sens, la viande d'agneau a bien des atouts sur le plan nutritif. Chaque tranche de 100 g, toutes coupes confondues, contient 206 calories, 9 g de lipides et 28 g de protéines, en plus de fournir des vitamines du complexe B, du fer, du zinc et du phosphore. La forte teneur en gras insaturés de cette viande la distingue avantageusement des autres viandes rouges. D'autre part, ses acides gras saturés n'ont pas tendance à développer de lipoprotéines de basses densités dans le sang, molécules qui sont associées aux problèmes cardiovasculaires.

On trouve trois types d'agneaux, soit l'agneau de lait, l'agneau léger et l'agneau lourd. L'agneau de lait, qui ne dépasse pas les 24 kg vivant, est nourri principalement de lait maternel, ce qui donne à la viande une teinte rose pâle et un goût très fin. Vous pourrez d'ailleurs constater son goût exceptionnel en dégustant la recette d'Épaules d'agneau de lait rôties aux deux olives (p. 45) ou le Gigot d'agneau de lait braisé au parfum d'épices (p. 64). L'agneau lourd, quant à lui, atteint de son vivant un poids de 36 à 54 kg. C'est ce type d'agneau que l'on retrouve principalement sur le marché. Sa chair est d'une teinte plus rosée. Le poids de l'agneau léger se situe entre celui de l'agneau de lait et celui de l'agneau lourd.

Les coupes les plus connues sont, bien entendu, le gigot et les côtelettes, mais vous aurez la chance de découvrir à la lecture de ce livre d'autres parties de l'agneau tout aussi savoureuses qui gagnent à être connues. Laissez-vous tenter par le Foie poêlé (p. 120), le Collier laqué au caramel de tomate (p. 35) ou le Ris braisé au porto et avelines (p. 125).

Vous aurez compris que cet ouvrage est conçu pour vous faire découvrir ou redécouvrir la viande d'agneau sous toutes ses formes. L'exotisme de certaines recettes vous fera voyager sur des effluves de cari, de safran ou de cumin. Goûtez à l'Épaule d'agneau au safran (p. 50) ou au Tajine aux pruneaux (p. 85). Servir de la viande d'agneau à ses invités, c'est leur présenter un mets original et raffiné. Pour ce qui est des repas de tous les jours, quoi de mieux que d'offrir le Pâté chinois d'agneau à ma façon ou un bon «Lamburger» (p. 105)?

Apprêter de l'agneau, le cuire, le humer, le servir, le partager, voilà un très joli projet. C'est maintenant à votre tour de vous lancer dans cette magnifique aventure.

Bon appétit!

# SOUPES

## Soupe à l'oignon

4 portions • Préparation : 10 min • Cuisson : 12 min

**Par Julie Dallaire, Montréal**

*Le secret de la réussite réside dans le bouillon.*

- Dans une casserole, chauffer un peu de beurre et faire revenir les oignons jusqu'à ce qu'ils soient transparents.
- Ajouter la bière, le bouillon, l'eau et les tomates séchées.
- Laisser mijoter environ 10 min. Servir avec un peu de gruyère.

\* Récupérer le jus de cuisson d'un gigot et le laisser refroidir au réfrigérateur. Retirer la couche de graisse durcie qui s'est formée sur la gélatine.

### INGRÉDIENTS

- Beurre
- 1 oignon rouge, en fines rondelles
- 160 ml ($^2/_3$ tasse) de bière
- 175 ml ($^3/_4$ tasse) de bouillon d'agneau\*
- 60 ml ($^1/_4$ tasse) d'eau
- 4 tomates séchées, en dés
- Gruyère, râpé

## Le classique revisité : agneau et orge

**4 portions • Préparation : 15 min • Cuisson : 20 min**

**Par Julie Dallaire, Montréal**

*Voici un plat réconfortant qui demeure l'idéal des temps pluvieux.*

### PRÉPARATION

- Dans une casserole, chauffer un peu d'huile et faire fondre les oignons jusqu'à ce qu'ils soient transparents.
- Ajouter l'agneau et faire caraméliser légèrement.
- Ajouter le bouillon de légumes et le jus d'orange. Saler et poivrer, puis porter à ébullition.
- Ajouter les poivrons, les tomates et l'orge. Laisser mijoter 10 min à feu doux.
- Laisser reposer quelques minutes. Garnir de coriandre, poivrer et servir.

### INGRÉDIENTS

- Huile ou beurre
- 90 g (½ tasse) d'oignons, émincés
- 175 à 200 g (¾ tasse) d'agneau, en petits cubes
- 500 ml (2 tasses) de bouillon de légumes
- 60 ml (¼ tasse) de jus d'orange
- Sel et poivre
- 60 ml (¼ tasse) de poivrons rouges, en dés
- 140 g (¾ tasse) de tomates, en dés
- 120 g (½ tasse) d'orge
- Coriandre fraîche

## Crème d'automne aux saveurs d'hiver

4 portions • Préparation : 25 min • Cuisson : 10 à 15 min

### INGRÉDIENTS

- 1 c. à soupe d'huile de tournesol
- 1 poireau (partie blanche seulement), en morceaux
- 500 ml (2 tasses) d'eau
- 1 petite courge d'hiver buttercup ou turban (chair seulement), en gros cubes
- Bouillon d'agneau*
- Muscade
- Sel et poivre
- Persil frais, haché

### PRÉPARATION

**Par Julie Dallaire, Montréal**

*Les courges ornent les soupes de magnifiques couleurs dont on ne saurait se passer !*

- Dans une casserole, chauffer l'huile et faire revenir les poireaux jusqu'à ce qu'ils soient tendres. Ajouter l'eau, la courge, le bouillon, la muscade et le sel. Laisser mijoter de 10 à 15 min.
- Passer le tout au mélangeur ou au robot culinaire jusqu'à l'obtention d'une crème onctueuse.
- Servir dans des bols, poivrer et garnir de persil.

* Récupérer le jus de cuisson d'un gigot et le laisser refroidir au réfrigérateur. Retirer la couche de graisse durcie qui s'est formée sur la gélatine.

# Shorba frik

**6 à 8 portions • Préparation : 1 h • Cuisson : 45 min**

## INGRÉDIENTS

- 500 g (2 tasses) de pois chiches à tremper ou en conserve
- Agneau (cou ou parties avec os ; compter au moins 1 partie par personne), en morceaux
- Huile d'olive
- 2 oignons moyens, coupés finement
- 4 ou 5 branches de céleri, coupées finement
- 1 petite conserve de pâte de tomates, diluée dans 1 litre (4 tasses) d'eau
- 1 litre (4 tasses) d'eau
- 1 1/2 c. à soupe de coriandre séchée ou 1 bouquet de coriandre fraîche, hachée
- 1 c. à soupe de menthe séchée
- 2 grosses tomates fraîches, en dés
- 3 ou 4 gousses d'ail, pelées et écrasées
- 90 g (1/2 tasse) de bulghur fin
- Le jus d'un citron ou 1 citron, en tranches
- 1/2 bouquet de menthe fraîche
- Sel et poivre

## PRÉPARATION

**Par Ndeye Diallo, Montréal**

*Le bulghur, du blé concassé finement, est un aliment complet consommé depuis plus de 6000 ans qui a servi à la composition de nombreux classiques. Cette recette traditionnelle algérienne vous le fera découvrir ou redécouvrir.*

- Faire tremper les pois chiches toute la nuit dans de l'eau froide ou utiliser des pois chiches en conserve pour une utilisation immédiate.
- Dans une grande casserole, faire revenir l'agneau dans l'huile jusqu'à ce qu'il soit doré.
- Ajouter les oignons et le céleri et faire revenir quelques minutes.
- Ajouter la pâte de tomates diluée ainsi que le litre d'eau.
- Incorporer la coriandre, la menthe et les tomates aux pois chiches.
- Ajouter l'ail et remuer. Amener à ébullition et laisser mijoter 25 min.
- Ajouter le bulghur et laisser mijoter de 10 à 12 min de plus.
- Ajouter le jus de citron et la menthe séchée. Rectifier l'assaisonnement. Laisser mijoter quelques minutes avant de servir.

# CÔTELETTES

## Côtelettes d'agneau de St-Marc en crépinette de légumes à la fleur d'ail

4 portions • Préparation : 30 min • Cuisson : 30 min

### INGRÉDIENTS

- 2 carrés d'agneau de 600 g (1 ¼ lb) chacun
- 240 g (8 oz) de brunoise de légumes (carottes, courgettes vertes et céleri-rave)
- 60 g (2 oz) de graisse de canard ou de beurre clarifié
- 210 g (7 oz) de crépine
- Beurre
- Vin blanc
- 250 ml (1 tasse) de Fond d'agneau (p. 44)
- Fleur d'ail

### PRÉPARATION

**Par le chef Jean-François Méthot, du restaurant Hostellerie Les Trois Tilleuls, Montérégie**

*Chef à l'Hostellerie Les Trois Tilleuls, Jean-François Méthot se définit comme un homme de terroir aimant travailler à partir du produit brut. Voici un exemple de son talent et de sa créativité.*

- Couper le carré à toutes les deux côtes et conserver un os par côtelette. Dans une poêle bien chaude, saisir chaque côtelette sur un seul côté et réserver.

- Dans une casserole, faire revenir les légumes dans la graisse de canard jusqu'à ce qu'ils soient légèrement confits.

- Laisser refroidir et déposer sur chaque côtelette (sur le côté saisi) une bonne quantité de brunoise. Envelopper chaque côtelette dans deux couches de crépine.

- Dans une sauteuse, rôtir les côtelettes au beurre, côté légumes en premier, puis les mettre dans un plat pour terminer la cuisson au four très chaud pendant 2 à 3 min.

- Déglacer la sauteuse avec un peu de vin, réduire de moitié, puis ajouter le fond d'agneau et un peu de fleur d'ail.

- Amener à ébullition et passer au chinois en étamine dès que votre sauce a la consistance voulue. Dresser sur une assiette chaude avec les légumes de votre choix.

## Côtelettes d'agneau aux trois vins

**4 portions • Préparation : 12 min • Cuisson : 20 min**

**Par Julie Dallaire, Montréal**

*Une côtelette savoureusement relevée !*

- Faire revenir les oignons et les champignons dans un peu de beurre ou d'huile. Réserver.
- Dans une poêle, faire dorer les côtelettes d'agneau de 3 à 4 min, sur les 2 côtés, à feu moyen ; elles doivent rester saignantes.
- Les arroser avec le vin, le porto et le cognac et faire sauter quelques minutes de plus.
- Retirer les côtelettes et lier la sauce en ajoutant le beurre et la farine.
- Servir les côtelettes et mettre sur chacune d'elle le mélange d'oignons et de champignons. Verser ensuite la sauce. Le mélange de vin donne une saveur délicieuse aux côtelettes. Saler, poivrer et garnir de persil.
- Servir avec du riz ou des pommes de terre mousseline, et les légumes de votre choix.

### INGRÉDIENTS

- 1 gros oignon, en fines tranches
- 5 champignons, en tranches
- 8 côtelettes d'agneau
- 175 ml (3/4 tasse) de vin blanc sec
- 60 ml (1/4 tasse) de porto
- 1 c. à soupe de cognac
- 1 noix de beurre
- 1 c. à soupe de farine

## Côtelettes d'agneau aux herbes aromatiques et sauce à la crème

4 portions • Préparation : 4 h 30 + 10 min • Cuisson : 20 à 25 min

### INGRÉDIENTS

- 8 côtelettes d'agneau (longe ou côtes) de 2,5 cm (1 po) d'épaisseur

**MARINADE**
- 250 ml (1 tasse) d'huile d'olive extravierge
- 125 ml (½ tasse) de porto
- 2 gousses d'ail, pressées
- 2 brins de thym frais
- 2 brins de romarin frais
- 1 c. à café (1 c. à thé) de sel et de poivre

**CUISSON**
- 2 c. à soupe de beurre
- 2 c. à soupe d'oignon rouge, haché
- 1 gousse d'ail, pressée
- ½ c. à café (½ c. à thé) de romarin
- 175 ml (¾ tasse) de vin blanc sec
- 250 ml (1 tasse) de crème 15 % à cuisson
- 250 ml (1 tasse) de bouillon de poulet
- Sel et poivre

### PRÉPARATION

**Par le chef Claude Côté, formateur au Centre Relais de la Lièvre-Seigneurie, Outaouais**

*Cette recette du chef Claude Côté, formateur au Centre Relais de la Lièvre-Seigneurie, deviendra un classique de votre répertoire.*

- Retirer environ 2,5 cm (1 po) de gras autour des os des côtelettes et les gratter proprement avec un couteau bien affûté.

- Mélanger tous les ingrédients qui composent la marinade et laisser macérer la viande 4 h 30.

- Dans une poêle, chauffer le beurre et faire frire les côtelettes à feu moyen-élevé, 3 min de chaque côté, et réserver au four à 100 °C (200 °F).

- Dans la même poêle, retirer le gras (sauf 2 c. à soupe) et faire revenir les oignons, l'ail et le romarin à feu moyen, environ 2 min.

- Verser le vin dans la poêle et laisser bouillir à feu vif.

- Laisser réduire jusqu'à ce qu'il reste 80 ml (⅓ tasse) de liquide.

- Toujours à feu vif, ajouter la crème et mélanger jusqu'à ce que la sauce épaississe.

- Ajouter le bouillon de poulet, mélanger et amener à ébullition. Saler et poivrer.

- Mettre les côtelettes dans des assiettes individuelles, les napper de sauce et servir avec des légumes frais de saison et un riz sauvage.

## Côtelettes d'agneau au gorgonzola

4 portions • Préparation : 12 h + 10 min • Cuisson : environ 12 min

**Par le chef Hélène Savaria, du service de traiteur Savaria, Montréal**

*Le gorgonzola est un fromage bleu doux qui se marie très bien avec les viandes rouges comme l'agneau.*

### PRÉPARATION

- Mélanger tous les ingrédients qui composent la marinade. Dans un contenant hermétique, laisser mariner les côtelettes 12 h au réfrigérateur.
- Dans une poêle, saisir les côtelettes. Ensuite, les mettre dans un plat allant au four et cuire à 180 °C (350 °F).
- Dans la poêle utilisée précédemment, ajouter l'huile et faire revenir les échalotes. Déglacer avec le vin et faire réduire quelques minutes.
- Ajouter le bouillon et cuire 5 min.
- Ajouter le gorgonzola et le laisser fondre.
- Servir sur les côtelettes saignantes.

### INGRÉDIENTS

**MARINADE**
- 125 ml (½ tasse) d'huile d'olive
- 1 gousse d'ail, hachée
- 1 brin de romarin frais
- Poivre

**AGNEAU**
- 12 petites ou 8 grosses côtelettes d'agneau
- 1 c. à soupe d'huile d'olive
- 2 échalotes françaises, hachées
- 60 ml (¼ tasse) de vin rouge
- 500 ml (2 tasses) de bouillon de bœuf
- 90 g (3 oz) de fromage gorgonzola

# CARRÉS ET MÉDAILLONS

# Carré d'agneau sur purée de céleri-rave et poivrons grillés, sauce à l'ail rôti et au basilic

4 portions • Préparation : 25 min • Cuisson : 30 min

**Par le chef Suzanne Boulianne, du restaurant Auberge Caribou, Laurentides**

*En 2002, Suzanne Boulianne prenait la relève comme chef à l'Auberge Caribou, au Lac Supérieur. La recette suivante, à la fois haute en couleurs et sophistiquée, vous donnera un aperçu de son style culinaire masculin-féminin hors du commun.*

## PRÉPARATION

### AGNEAU
- Dans une poêle, chauffer un peu d'huile à feu vif. Faire dorer les carrés d'agneau. Retirer du feu et laisser reposer la viande 5 min.
- Préchauffer le four à 200 °C (400 °F).
- Mettre les carrés au four 4 min.
- Retirer du four, puis couper en morceaux.

### SAUCE
- Dans une casserole, faire fondre dans l'huile les échalotes et l'ail jusqu'à ce qu'ils soient transparents.
- Déglacer au vin, réduire de moitié, ajouter le fond de veau et réduire encore de moitié.
- Au dernier moment, ajouter le basilic. Saler et poivrer.

### PURÉE
- Dans une casserole remplie d'eau, cuire le céleri-rave jusqu'à ce qu'il soit tendre.
- Égoutter, mettre dans un bol et piler.
- Ajouter le sel, le poivre, le beurre et la crème.
- Réserver au four à 120 °C (250 °F) dans un contenant couvert.

### NOTE
Servir le tout avec 4 poivrons grillés dans un peu d'huile d'olive, salés et poivrés.

## INGRÉDIENTS

**CARRÉ D'AGNEAU**
- Huile
- 2 carrés d'agneau frais

**SAUCE À L'AIL RÔTI ET AU BASILIC**
- Huile
- 2 échalotes françaises, hachées
- 1 tête d'ail entière
- 125 ml (½ tasse) de vin rouge
- 500 ml (2 tasses) de fond de veau
- 5 ou 6 grosses feuilles de basilic, coupées grossièrement
- Sel et poivre

**PURÉE DE CÉLERI-RAVE**
- 1 céleri-rave, pelé et coupé en morceaux
- Sel et poivre
- 50 g (⅓ tasse) de beurre
- 60 ml (¼ tasse) de crème 35 %

## Carré d'agneau de la Ferme Moreau de St-André, rôti au pesto de champignons sauvages, sauce au miel doré

4 portions • Préparation : 45 min • Cuisson : 25 min

Par Gérard Fischer, chef et propriétaire du restaurant Le Tartuffe, Outaouais

*Le chef Gérard Fischer marie ici ses origines françaises et les saveurs de l'Outaouais pour un plat unique en son genre.*

### INGRÉDIENTS

**CARRÉ D'AGNEAU DE LA FERME MOREAU**
- 720 g (1 ½ lb) de carré d'agneau
- Sel et poivre
- 2 c. à soupe d'huile d'olive

**PESTO DE CHAMPIGNONS SAUVAGES**
- 60 g (2 oz) de champignons sauvages séchés
- 10 g (¼ tasse) de persil
- 10 g (¼ tasse) de basilic frais
- 2 c. à café (2 c. à thé) d'ail
- 2 c. à soupe de cerneaux de noix (chair de noix, épluchée)
- 100 ml (⅓ à ½ tasse) d'huile d'olive
- 30 g (1 oz) de parmesan, râpé

**SAUCE AU MIEL DORÉ**
- 30 g (¼ tasse) d'oignons, hachés
- 2 c. à soupe de miel doré
- 125 ml (½ tasse) de vin blanc sec
- 250 ml (1 tasse) de jus d'agneau
- 1 brin de thym frais
- 1 brin de romarin frais

### PRÉPARATION

#### AGNEAU
- Saler et poivrer le carré d'agneau des 2 côtés. Le faire revenir légèrement dans une poêle avec un peu d'huile.
- Déposer sur le haut du carré une épaisseur de 6 mm (¼ po) de pesto de champignons et mettre le tout au four.
- Préchauffer le four à 200 °C (400 °F) environ 15 à 20 min pour obtenir une cuisson rosée.

#### PESTO DE CHAMPIGNONS
- Faire tremper les champignons séchés pendant 30 min dans de l'eau tiède.
- Essorer les champignons et les passer au mélangeur avec le persil, le basilic, l'ail et les noix.
- Ajouter l'huile, puis continuer de passer au mélangeur. À la fin, ajouter le parmesan. Il faut obtenir une masse relativement épaisse. Conserver au frais.

#### SAUCE
- Faire revenir les oignons dans le miel ; laisser caraméliser le tout jusqu'à l'obtention d'une couleur brun clair.
- Retirer du feu, ajouter le vin et laisser mijoter 1 min. Ajouter le jus d'agneau, le thym et le romarin. Laisser réduire pour obtenir une sauce onctueuse. Retirer les brins de thym et de romarin, puis réserver la sauce au chaud.

#### NOTE
Pour bien présenter le tout, découper le carré d'agneau. Disposer au centre de l'assiette les légumes de votre choix et, autour, les petites côtelettes. Napper d'un filet de sauce et servir.

## Carré d'agneau du Québec laqué au miel des Laurentides, avec gâteau de pommes de terre à l'ail doux et simple jus d'agneau au thym

2 portions • Préparation : 35 min • Cuisson : 45 min

**Par le chef Leïla Brière, du restaurant Guido le Gourmet, Québec**

*Le chef Leïla Brière et le maître d'hôtel Jean-Pierre Brière du restaurant Guido le Gourmet, situé au cœur du Vieux-Québec, vous offrent une recette qui reflète leur vision de la cuisine gastronomique française.*

### PRÉPARATION

- Commencer la préparation des gâteaux de pommes de terre.
- Cuire les pommes de terre en robe. Quand elles sont tendres, les éplucher, puis les couper en rondelles de 6 mm (¼ po) d'épaisseur.
- Dans le fond d'un petit moule à gâteau de 5 cm (2 po), verser dans cet ordre un peu de beurre fondu, 1 brin de thym, une rondelle de pomme de terre, une part d'ail et de thym haché, de beurre fondu supplémentaire, de sel, de poivre et recouvrir d'une autre rondelle de pomme de terre, de sel, de poivre et de beurre fondu. Procéder de la même manière pour créer 5 autres petits gâteaux.
- Cuire au four à 230 °C (450 °F) environ 17 min.
- Faire réduire le fond d'agneau au dernier moment, y ajouter 1 c. à soupe de miel et un peu de thym haché, puis verser un filet de sauce autour du gâteau de pommes de terre.
- Saisir les carrés d'agneau dans une poêle avec un peu de beurre doux et d'huile d'olive. Saler et poivrer, puis à l'aide d'un pinceau, badigeonner la viande de miel des Laurentides. Finir la cuisson de l'agneau au four à 230 °C (450 °F); cela devrait prendre environ 8 min pour une cuisson rosée.

### INGRÉDIENTS

- 4 pommes de terre Yukon Gold
- 120 g (4 oz) de beurre, fondu
- 6 brins de thym frais
- 1 gousse d'ail, hachée
- Un peu de thym frais, haché
- Sel et poivre
- 500 ml (2 tasses) de Fond d'agneau (p. 44)
- 60 ml (¼ de tasse) de miel des Hautes-Laurentides
- 2 carrés d'agneau frais du Québec

## Carré de «l'agneau du gourmet», farci de fromage La patte blanche, sauce à la tomate et au thym frais

4 portions • Préparation : 25 min • Cuisson : 45 min

### INGRÉDIENTS

- 2 carrés d'agneau
- 240 g (8 oz) de fromage La patte blanche, coupé en longs bâtonnets
- 1 échalote sèche, hachée
- Huile d'olive
- 2 tomates, épluchées*, épépinées et coupées en dés
- 60 ml (¼ tasse) de vin blanc
- 160 ml (⅔ tasse) de crème 35 %
- 2 brins de thym
- Beurre

### PRÉPARATION

**Par le chef Pascal Gagnon, du Manoir de Tilly, région de Québec**

*Le chef du Manoir de Tilly, Pascal Gagnon, démontre l'excellence de sa table avec cette recette raffinée.*

- Parer l'agneau de sorte que les os soient bien propres. Enlever le gras et la chair qui sont sur les os.
- Couper la viande au centre (mi-hauteur) du carré d'agneau de façon que le couteau traverse de bord en bord.
- Insérer le fromage dans le centre du carré.
- Faire revenir les échalotes dans un peu d'huile, ajouter les tomates et faire revenir.
- Ajouter le vin et laisser réduire du deux tiers.
- Ajouter la crème et le thym, laisser cuire environ 15 min à feu doux et rectifier l'assaisonnement. Conserver des morceaux de tomates.
- Faire chauffer un peu de beurre, sauter les carrés et les mettre au four à 200 °C (400 °F) environ 14 à 18 min, du côté des os pour ne pas brûler la chair. Une fois la viande cuite, réserver.

### TECHNIQUE POUR ENLEVER LA PEAU DES TOMATES

Faire une croix sur le dessus des tomates. Les plonger dans une casserole remplie d'eau bouillante 30 sec. Les laisser refroidir dans un peu de glace, les éplucher, les épépiner et les couper en dés.

### NOTE

Pour la présentation, couper les côtes et les placer en éventail pour bien voir l'intérieur. Servir avec du riz sauvage et des légumes frais du jardin. À l'aide d'une cuillère, verser la sauce autour des côtes.

## Carré d'agneau à l'ancienne

4 portions · Préparation : 2 h 15 · Cuisson : 30 min

### INGRÉDIENTS

- 1 carré d'agneau comportant 4 côtes
- 4 gousses d'ail, émincées
- 2 c. à soupe d'huile
- 10 g (¼ tasse) d'herbes de Provence
- Sel et poivre
- Jus d'un demi-citron
- 1 grosse botte de cresson

### PRÉPARATION

**Par le restaurant Les Quatre Feuilles, Montérégie**

*Le restaurant Les Quatre Feuilles, fondé en 1967, est la concrétisation d'un rêve pour son chef, un passionné de cuisine d'autrefois. Le mets que voici promet de vous faire goûter au bonheur des saveurs d'antan.*

- Parsemer d'ail le carré d'agneau.
- Dans un bol, mélanger l'huile, 1 c. à soupe d'herbes de Provence, le sel et le poivre. Badigeonner le carré d'agneau de ce mélange et l'envelopper de papier aluminium. Laisser reposer 2 h.
- Préchauffer le four à 180 °C (350 °F).
- Développer le carré et le faire cuire au four environ 20 min en l'arrosant de temps à autre.
- Arroser le carré avec le jus de citron. Laisser cuire encore 5 min.
- Au terme de la cuisson, retirer l'agneau et le mettre dans un plat de service. Disposer le cresson tout autour et couvrir l'agneau d'aluminium pour le garder au chaud.
- Déglacer le plat de cuisson avec un peu d'eau bouillante.
- Faire réduire à feu moyen et verser dans une saucière. Servir dans des assiettes bien chaudes.

# L'agneau de Madame St-Jean, le collier laqué au caramel de tomate, orzotto lié au vieux cheddar et rapinis pimentés

4 portions • Préparation : 30 min + 4 h • Cuisson : 4 h

## INGRÉDIENTS

### AGNEAU
- 4 médaillons (surlonge) de 90 g (3 oz)
- ½ collier d'agneau, fendu sur le long
- 800 g (4 tasses) de mirepoix fine (carottes, oignons et céleris, hachés finement)
- 1 litre (4 tasses) de vin rouge
- Laurier, thym, sel et poivre, ail
- 2 c. à soupe d'huile d'olive

### CARAMEL DE TOMATES
- 120 g (½ tasse) de sucre
- 250 ml (1 tasse) de jus de tomate
- 125 ml (½ tasse) de vinaigre de xérès
- Zeste d'un citron

### ORZOTTO
- 1 litre (4 tasses) de bouillon de légumes
- 90 g (3 oz) de beurre
- ½ oignon, haché
- 200 g (1 tasse) d'orge perlé
- 60 g (2 oz) de cheddar, râpé
- Sel et poivre

### RAPINIS
- 1 botte de rapinis
- 2 litres (8 tasses) d'eau
- 1 c. à soupe de sel
- 1 c. à soupe de vinaigre
- 60 g (2 oz) de beurre
- 1 ou 2 gousses d'ail, écrasées
- 1 c. à café (1 c. à thé) de piment chili broyé

## PRÉPARATION

**Par le chef Danny St-Pierre, du restaurant Derrière les Fagots, Rive-Nord**

*Le jeune chef Danny St-Pierre propose une approche contemporaine de la cuisine française. Il aime travailler les parties moins connues de la viande pour en faire découvrir toute la saveur.*

- Cuire les médaillons jusqu'à une cuisson rosée et réserver au chaud.
- Préchauffer le four à 160 °C (325 °F).
- Saisir le collier d'agneau, puis braiser au four pendant 4 h, à couvert, avec les autres ingrédients. Refroidir, désosser à la main et servir en prenant soin de bien enlever le gras.
- Cuire le sucre à sec, à feu très doux, jusqu'à l'obtention d'un caramel. Réduire avec le jus de tomate et le vinaigre jusqu'à ce que le caramel enveloppe bien une cuillère et y colle un peu (110 °C/230 °F).
- Ajouter le zeste de citron et réserver.
- Dans une casserole, faire chauffer le bouillon.
- Dans une grande poêle, chauffer le beurre et faire suer les oignons et l'orge.
- Lorsque les oignons sont transparents, ajouter une louche de bouillon très chaud. Lorsqu'il ne reste presque plus de bouillon, ajouter une autre louche de bouillon. Continuer ainsi jusqu'à ce qu'il n'y ait plus de bouillon et que le grain soit tendre. Ajouter le cheddar, saler et poivrer.
- Blanchir les rapinis dans l'eau salée et le vinaigre. Laisser refroidir. Au moment de servir, chauffer le beurre dans une poêle, ajouter l'ail, les piments et faire sauter les rapinis.

### NOTE
Comme finition, laquer sous le gril, à *broil,* les colliers avec le caramel de tomates et réserver. Au fond d'une assiette chaude, déposer une partie d'orzotto, 2 rapinis, les médaillons tranchés et le collier. On peut préparer le collier d'agneau la veille.

## Médaillon d'agneau poêlé au Victor et Berthold, accompagné de têtes de violon à l'érable et de gnocchis

4 portions • Préparation : 15 min • Cuisson : 35 min

### INGRÉDIENTS

- 120 g (4 oz) de gnocchis
- 80 g (⅓ tasse) de beurre
- Sel et poivre
- 2 c. à soupe d'huile de colza (canola)
- 2 échalotes françaises, émincées
- 720 g (1 ½ lb) de médaillon d'agneau (surlonge), coupé en 4 morceaux égaux
- 125 ml (½ tasse) de sirop d'érable
- 105 g (¾ tasse) de têtes de violon ou d'asperges
- 210 g (7 oz) de fromage Victor et Berthold

### PRÉPARATION

**Par le chef Suzanne Boulianne, du restaurant Auberge Caribou, Laurentides**

*Suzanne Boulianne, chef de l'Auberge Caribou, utilise de fins produits régionaux pour confectionner ses plats, comme le Victor et Berthold, un fromage au lait cru de Lanaudière de tradition familiale. Cette recette est très facile.*

- Mettre les gnocchis dans de l'eau bouillante et les cuire jusqu'à ce qu'ils remontent à la surface. Égoutter.

- Faire chauffer la moitié du beurre dans une poêle et cuire les gnocchis jusqu'à légère coloration. Saler et poivrer.

- Réserver au four à 120 °C (250 °F).

- Dans une grande poêle, faire revenir dans l'huile et le reste du beurre les échalotes et les médaillons d'agneau pendant 3 min. Déglacer au sirop d'érable et ajouter les têtes de violons. Rectifier l'assaisonnement.

- Retirer du feu, mettre le fromage sur les 4 médaillons et mettre au four 6 min.

- Dans une grande assiette, disposer harmonieusement un médaillon au fromage, des têtes de violon, un peu de jus de cuisson et, finalement, les gnocchis.

# LONGE ET ÉPAULE

# Agneau au gros sel
## à la façon Bergerie de Tilly

**4 à 6 portions • Préparation : 10 min • Cuisson : 30 min**

### Par le chef Denise Moisan, du restaurant Bergerie de Tilly, Québec

*Denise Moisan, de la Bergerie de Tilly, innove en cuisine. Elle concocte de délicieux produits avec l'agneau de sa bergerie et nous présente ici une recette savoureuse.*

## PRÉPARATION

- Préchauffer le four à 230 °C (450 °F).

- Badigeonner l'agneau de pesto ou de moutarde, saupoudrer avec le zeste d'agrumes et réserver.

- À l'aide d'une fourchette, mélanger le sel et les blancs d'œufs. Dans un plat allant au four, recouvrir le fond de 1 cm (½ po) d'épaisseur de ce mélange. Mettre l'agneau par-dessus, et le recouvrir entièrement avec le reste du mélange de sel et d'œufs.

- Cuire au four pendant 30 min.

- Au terme de la cuisson, casser la croûte de sel, mettre l'agneau dans un plat de service et napper de sauce à l'orange.

### NOTE

Pour vérifier le degré de cuisson de l'agneau, qui est meilleur lorsque rosé, utiliser le thermomètre à viande : à une température de 63 °C (145 °F), il sera saignant ; à une température de 68 °C (155 °F), il sera rosé.

## INGRÉDIENTS

- 1 à 1,5 kg (3 ¼ lb) d'agneau (longe, gigot désossé ou épaule désossée)
- Pesto ou moutarde forte
- Le zeste d'une lime et d'une orange
- 2 kg (4 à 5 lb) de gros sel
- 4 blancs d'œufs, battus

## Longe d'agneau en panade d'herbes et sa décoction de camarine noire (tisane inuit)

2 portions • Préparation : 25 min • Cuisson : 20 à 25 min

### INGRÉDIENTS

- 10 tranches de pain, sans la croûte
- ½ botte de persil
- 2 gousses d'ail
- 1 paquet de basilic frais ou 1 c. à soupe de pâte de basilic
- 2 longes d'agneau de 150 g (5 oz), parées à vif*
- 5 sachets de camarine noire
- ½ c. à soupe de beurre clarifié
- ½ c. à soupe d'échalote française, hachée
- 60 ml (¼ tasse) de vin blanc
- Une pincée de thym séché ou un brin de thym frais
- ½ c. à soupe d'ail, haché
- 500 ml (2 tasses) de Fond d'agneau (p. 44) ou fond brun ou 1 sachet de demi-glace du marché

### PRÉPARATION

**Par Yvano Tremblay, chef exécutif du Gîte du Mont-Albert, Gaspésie**

*Le chef Yvano Tremblay pratique son art au parc national de la Gaspésie. Inspiré par une mer de montagnes et par le panorama à couper le souffle, il vous fait découvrir une recette aux accents du Nord.*

- Préchauffer le four à 200 °C (400 °F).

- Faire sécher le pain au four. Passer au robot de cuisine la mie de pain avec le persil, l'ail et le basilic et la remettre au four pour l'assécher, si la chapelure est humide. Enrober les longes d'agneau de ce mélange.

- Dans un poêlon, chauffer un peu de beurre clarifié ou d'huile et saisir les longes.

- Mettre au four à 200 °C (400 °F) pendant environ 10 à 12 min et servir rosé.

- Mettre les sachets de tisane dans 250 ml (1 tasse) d'eau chaude pendant 5 à 10 min.

- Dans une casserole, faire suer les échalotes dans le beurre clarifié, puis ajouter le vin, le thym, l'ail, l'infusion et le fond d'agneau.

- Faire réduire à consistance désirée et servir avec la longe d'agneau.

- Accompagner de pommes de terre et des légumes de votre choix.

* Parer à vif veut dire enlever le gras à cru.

## Longe d'agneau à la moutarde, pleurotes poêlés à l'ail et beurre à la lavande

4 portions • Préparation : 12 min • Cuisson : 15 à 20 min

**Par Joseph Sarrazin, chef exécutif et copropriétaire du restaurant Le 47e Parallèle, Saveurs du Monde, Québec**

*Chef exécutif et copropriétaire de restaurant, Joseph Sarrazin se passionne pour son métier. Il innove et confectionne des nouvelles recettes avec des goûts et des parfums renouvelés. Le plat suggéré ici vous surprendra.*

### PRÉPARATION

- Dans une poêle, chauffer du beurre et faire revenir légèrement les échalotes. Poivrer et réserver.
- Faire revenir les longes d'agneau dans l'huile sur les deux côtés. Saler et poivrer. Mettre les longes dans un plat allant au four et badigeonner un côté de moutarde, puis cuire à 190 °C (375 °F) jusqu'à l'obtention d'une cuisson médium-saignant.
- Dans une poêle, chauffer une noix de beurre et l'ail et faire sauter les pleurotes. Saler, poivrer et garder au chaud.
- Faire fondre et chauffer 230 g (8 oz) de beurre et ajouter la lavande.
- Découper les longes d'agneau, garnir de pleurotes et napper de beurre chaud à la lavande.

### INGRÉDIENTS

- Beurre pour la cuisson + 240 g (8 oz) pour le beurre de lavande
- 3 échalotes françaises, hachées
- Sel et poivre
- 4 longes d'agneau
- 3 à 4 c. à soupe d'huile d'olive
- 1 c. à soupe de moutarde forte
- 1 c. à thé (1 c. à café) d'ail, haché
- 180 g (3/4 tasse) de pleurotes, effilochés
- 125 ml (1/2 tasse) de lavande fraîche, hachée

# Fond d'agneau

**Donne 2,5 litres (9 tasses) • Préparation : 5 min • Cuisson : 90 min**

## PRÉPARATION

**Par Jean-François Samray, Montréal**

*Ce fond d'agneau fait des miracles dans plusieurs recettes. Comme substitut au bouillon de bœuf ou de poulet, il ne manquera pas d'étonner vos convives.*

- Chauffer l'huile dans une grande casserole à feu vif. Ajouter les légumes et le gingembre.
- Mélanger continuellement afin d'assurer une caramélisation des sucs. Quand les légumes sont bien dorés, retirer du feu et mettre les os d'agneau, l'eau, le sel, les feuilles de laurier et l'ail. Remettre sur le feu, amener à ébullition, puis réduire la chaleur de moitié.
- Laisser réduire du tiers et ajouter le thym. Laisser bouillir encore 10 min, puis passer au chinois (une passoire en acier inoxydable fera aussi l'affaire).
- Transvider le bouillon dans des contenants de 500 ml (2 tasses) allant au congélateur. Cette opération permet une accélération du refroidissement. Une fois le bouillon tiédi, placer au réfrigérateur, puis au congélateur.
- On peut utiliser ce fond d'agneau comme substitut au bouillon de bœuf ou de poulet.

## INGRÉDIENTS

- 2 c. à soupe d'huile d'olive
- 2 oignons rouges, en tranches
- 3 branches de céleri, en petits morceaux
- 3 grosses carottes, en rondelles
- 1 racine de gingembre de la taille d'un œuf, épluchée
- Les os de 2 épaules
- 4 litres (16 tasses) d'eau
- 1 c. à soupe de sel
- 3 feuilles de laurier
- 4 gousses d'ail en chemise
- 4 brins de thym

## Épaules d'agneau de lait rôties aux deux olives

6 portions • Préparation : 30 min • Cuisson : 40 min

### INGRÉDIENTS

- 2 petites épaules d'agneau de lait ou 1 épaule d'agneau de 1,5 kg (3 1/4 lb)
- 6 c. à soupe d'huile d'olive
- 1 oignon blanc ou rouge, émincé finement
- 2 bulbes de fenouil, émincés finement
- 3 poireaux baguettes ou 3 ciboules, en tronçons
- 3 gousses d'ail entières, pelées
- 1 bouquet de romarin
- 300 g (2 tasses) d'olives noires et vertes mélangées
- Sel et poivre
- 3 c. à soupe de bouillon de veau

### PRÉPARATION

**Par le chef Gérard Beyer, du service de traiteur Maison Aubrey, Outaouais**

*Élaborée par le chef Gérard Beyer, cette délicieuse recette sera à son meilleur si la viande est cuite à intensité modérée (140 à 160 °C ou 275 à 325 °F) et si l'on prend bien soin d'éviter la surcuisson.*

- Laisser les épaules à température ambiante au moins 2 h. Préchauffer le four à 170 °C (340 °F).
- Dans une sauteuse, chauffer 3 c. à soupe d'huile et faire revenir les oignons, le fenouil et les poireaux sans qu'ils ne brunissent. Réserver.
- Mettre les épaules dans une rôtissoire. Entailler la surface, les badigeonner avec 3 c. à soupe d'huile et ajouter l'ail et le romarin.
- Cuire au four 30 min.
- Ajouter les légumes cuits précédemment et les olives, 15 min avant la fin de la cuisson de la viande.
- Au terme de la cuisson, saler et poivrer.
- Mettre la viande dans un plat de service et disposer harmonieusement sa garniture tout autour.
- Déglacer le plat de cuisson avec le bouillon, en grattant le fond à l'aide d'une cuillère en bois pour bien décoller les sucs. Verser ce jus sur la viande et servir.

### NOTE

Pour vérifier le degré de cuisson de l'agneau, qui est meilleur lorsque rosé, utiliser le thermomètre à viande : à une température de 63 °C (145 °F), il sera saignant ; à une température de 68 °C (155 °F), il sera rosé.

## Épaule d'agneau en brochettes avec sa marinade à la bière blanche

4 portions • Préparation : 10 min + 48 h • Cuisson : 10 min

### INGRÉDIENTS

- 250 ml (1 tasse) d'huile d'olive
- 250 ml (1 tasse) de bière blanche
- Le jus de 3 limes
- 1 bouquet de menthe fraîche, haché
- 6 brins de romarin
- 2 c. à café (2 c. à thé) de sel
- 1 c. à café (1 c. à thé) de poivre rouge (facultatif)
- 60 ml (¼ tasse) de sirop d'érable
- Épaule d'environ 480 g (1 lb), en cubes de 2 x 2 cm (¾ x ¾ po)

### PRÉPARATION

**Par Jean-François Samray, Montréal**

*Cette recette se sert très bien comme tapas. Vous pouvez remplacer l'épaule par un gigot, que vous devrez faire mariner 24 h. Vous pouvez couper votre épaule en lanières plutôt qu'en cubes. Vous n'aurez qu'à les enfiler en les serpentant sur les broches ou les baguettes de bois.*

- Mélanger tous les ingrédients sauf l'agneau.
- Dans un contenant hermétique, mélanger l'agneau et la marinade et laisser macérer 48 h afin que la viande soit bien tendre.
- Monter les cubes de viande sur des baguettes ou broches de cuisson. Il est préférable de laisser les baguettes de bois tremper 1 h dans un bol d'eau avant utilisation. Cette opération devrait leur permettre de ne pas se consumer pendant la cuisson.
- Faire cuire les brochettes sur le barbecue pendant environ 10 min en les retournant de temps à autre sur toutes les faces.

#### NOTE

- Pour un style saté, on peut couper l'épaule en lanières plutôt qu'en cubes. On aura qu'à les enfiler en les serpentant sur des broches ou des baguettes de bois.
- On peut remplacer l'épaule par un gigot. Dans ce cas, il faudra faire mariner la viande 24 h.

Cette recette se sert très bien comme tapas.

# Tranches d'épaule d'agneau à la ratatouille

**4 à 6 portions • Préparation : 30 min • Cuisson : 35 min**

**Par Bernard Tremblay et Yvonne Lefort, artisans-cuisiniers de plantes sauvages de L'Arôme des Bois, Laurentides**

*Bernard Tremblay et Yvonne Lefort sont des artisans-cuisiniers qui utilisent des plantes sauvages pour agrémenter leurs recettes. Si la recette suivante ne nécessite pas l'usage d'herbes rares, elle vous rappellera néanmoins les arômes de la forêt.*

## PRÉPARATION

- Dans une casserole, chauffer l'huile et faire revenir les tomates, les courgettes, les aubergines et les oignons.
- Ajouter les autres ingrédients de la ratatouille, couvrir et laisser mijoter à feu doux pendant 10 min.
- Dans une poêle, chauffer une noix de beurre et faire dorer les tranches d'agneau à feu moyen.
- Retirer la viande et enlever le surplus de gras.
- Étaler une mince couche de ratatouille dans la poêle, mettre les tranches d'agneau et recouvrir d'une autre couche de ratatouille.
- Laisser mijoter 15 min.
- Servir avec des nouilles aux œufs ou du riz basmati.

## INGRÉDIENTS

**RATATOUILLE**
- 125 ml (½ tasse) d'huile d'olive
- 4 tomates moyennes, pelées et coupées en dés
- 1 courgette moyenne, pelée et coupée en dés
- 1 petite aubergine, pelée et coupée en dés
- 2 oignons espagnols, pelés et coupés en dés
- 1 poivron vert, en dés
- 1 poivron rouge, en dés
- 2 branches de céleri, en dés
- 2 à 3 gousses d'ail
- ¼ c. à café (¼ c. à thé) de thym
- ½ c. à café (½ c. à thé) de basilic
- ½ c. à café (½ c. à thé) d'origan
- 1 c. à café (1 c. à thé) de sucre
- Sel et poivre

**AGNEAU**
- 4 à 6 tranches d'épaule d'agneau

# Rôti d'épaule d'agneau à la cannelle et au gingembre

4 portions • Préparation : 10 min • Cuisson : 30 à 35 min

## INGRÉDIENTS

- 60 ml (¼ tasse) d'huile d'olive
- 1 oignon moyen, haché finement
- Rôti d'épaule d'agneau d'environ 480 g (1 lb)
- 1 à 2 c. à café (1 à 2 c. à thé) d'herbes salées du bas du fleuve ou ½ c. à café (½ c. à thé) de sel
- 2 gousses d'ail, hachées finement
- 500 ml (2 tasses) de jus d'orange
- 2 c. à café (2 c. à thé) de cannelle en poudre
- 1 à 2 c. à café (1 à 2 c. à thé) de gingembre frais, haché
- 60 ml (¼ tasse) de sirop d'érable (facultatif)

## PRÉPARATION

**Par Jean-François Samray, Montréal**

*Voici une recette qui réunit des saveurs du Québec, du Sud et de l'Orient.*

- Dans un autocuiseur, chauffer l'huile à feu vif. Ajouter les oignons, les faire caraméliser et les mettre de côté. Dans le même récipient, verser un peu d'huile et saisir le rôti. Ajouter les herbes salées et l'ail.
- Déglacer avec le jus d'orange, puis ajouter les oignons caramélisés. S'assurer que rien n'adhère au fond de l'autocuiseur, en remuant à l'aide d'une spatule de bois.
- Couvrir et amener à ébullition. Laisser monter la pression dans l'autocuiseur, puis réduire la chaleur à température modérée et laisser cuire 20 min à 7 kg (15 lb) de pression.
- Retirer du feu et évacuer la pression. Ouvrir le couvercle et retirer l'agneau. La température au centre devrait se situer entre 75 et 80 °C (170 et 175 °F).
- Remettre la casserole sur le feu, à feu vif, à découvert, afin de réduire la sauce. Ajouter la cannelle, le gingembre et le sirop d'érable. Laisser réduire de moitié environ 3 à 5 min. Napper les tranches d'agneau de sauce.

### NOTE

On peut aisément remplacer le rôti d'épaule par 4 jarrets ou un rôti de collier désossé. Il est primordial de demander au boucher de ficeler le rôti pour que son diamètre ne dépasse pas 10 cm (4 po). En pratique, demander à son boucher de diviser en deux un rôti d'épaule désossé standard. Plus le rôti est épais et plus il faut de temps à la chaleur pour entrer jusqu'au centre de la pièce de viande. Pour vérifier le degré de cuisson de l'agneau, qui est meilleur lorsque rosé, utiliser le thermomètre à viande : à une température de 63 °C (145 °F), il sera saignant ; à une température de 68 °C (155 °F), il sera rosé.

# Épaule d'agneau au safran

**4 à 6 portions • Préparation : 15 min • Cuisson : 2 h**

**Par le chef Marc Cavalier, du restaurant La Ferme Cavalier, Outaouais**

*À la Ferme Cavalier, l'agneau est accommodé à toutes les sauces. L'épaule de safran vous fera sans aucun doute voir l'agneau sous un angle nouveau.*

## PRÉPARATION

- Retirer l'excès de graisse de l'épaule d'agneau. Ne pas enlever les os.

- Rincer la viande à l'eau froide, bien l'essuyer, puis la frotter avec le cumin, le poivre et un peu de sel.

- Déposer l'épaule sur le haut d'un couscoussier ou une marmite à vapeur, et mettre suffisamment d'eau dans le récipient.

- Couvrir l'épaule d'un linge propre et humide, mettre le couvercle et faire cuire environ 2 h, jusqu'à ce que la viande se détache aisément avec les doigts.

- Pendant ce temps, dans un petit bol, piler le safran avec un peu de sel et l'incorporer au beurre ramolli.

- Retirer l'épaule et la mettre dans une rôtissoire. À l'aide d'un pinceau, l'enduire de beurre safrané sur toutes les faces, puis la passer rapidement à la salamandre ou sous le gril du four pour la dorer légèrement.

- Servir le plat immédiatement avec le beurre fondu, accompagné idéalement d'un couscous aux oignons caramélisés au miel. L'eau du cuiseur imprégnée du jus de la viande peut servir de bouillon pour une soupe.

## INGRÉDIENTS

- 1 épaule d'agneau entière (manche raccourcie) de 1,5 kg (3 ¼ lb)
- 1 c. à café (1 c. à thé) de cumin
- Sel et poivre
- 1 sachet de safran pur
- 240 g (8 oz) de beurre, ramolli

# GIGOT

## Gigot d'agneau à l'ail

6 à 8 portions • Préparation : 30 min • Cuisson : 40 min

**Par Cédric Authier, Montréal**

*Cette recette est facile et ne demande pas beaucoup de temps de préparation même si elle doit reposer plusieurs heures. La belle pièce de viande que vous obtiendrez impressionnera vos invités.*

### PRÉPARATION

- À l'aide d'un couteau bien affûté, faire de légères incisions dans le gigot et le piquer d'ail.
- Couvrir le gigot d'une pellicule plastique et le mettre 24 h au réfrigérateur.
- Sortir le gigot et le laisser reposer à température ambiante.
- Mélanger la pâte de tomates, la harissa et l'huile d'olive.
- Saler et poivrer le gigot.
- Badigeonner une moitié du gigot avec la pâte.
- Mettre le gigot au four à *broil* pendant 20 min, côté badigeonné vers le haut, en laissant la porte du four entrebâillée.
- Cuire l'autre côté du gigot.
- Sortir du four et laisser reposer environ 10 min avant de servir.

### NOTE

Pour vérifier le degré de cuisson de l'agneau, qui est meilleur lorsque rosé, utiliser le thermomètre à viande : à une température de 63 °C (145 °F), il sera saignant ; à une température de 68 °C (155 °F), il sera rosé.

### INGRÉDIENTS

- 1 bulbe d'ail ou ½ bulbe, au goût
- 1 gigot d'agneau de 2 kg (4 à 5 lb), dégraissé
- 500 ml (2 tasses) de pâte de tomates
- Harissa, au goût
- 125 ml (½ tasse) d'huile d'olive
- Sel et poivre

## Gigot d'agneau au cumin

6 à 8 portions • Préparation : 25 min • Cuisson : 2 h 30

### INGRÉDIENTS

- 1 gigot de 2 à 3 kg (4 à 7 lb) entier ou partiellement désossé, dégraissé et ficelé (garder l'os et le mettre dans le jus de cuisson)
- 2 c. à soupe d'huile d'olive
- 1 gros oignon, émincé
- 1 c. à café (1 c. à thé) de cumin en poudre
- 2 à 3 c. à café (2 à 3 c. à thé) de paprika
- Piment fort, au goût
- 1 petite tête d'ail, pressée
- Sel et poivre
- 1 bouquet de coriandre fraîche, lavé et ficelé
- 4 gousses d'ail entières
- 500 ml (2 tasses) d'eau ou de bouillon d'agneau

### PRÉPARATION

**Par le chef Marc Cavalier, du restaurant La Ferme Cavalier, Outaouais**

*La Ferme Cavalier vous fera apprécier la cuisine d'origine marocaine avec la recette qui suit.*

- Dans un poêlon, chauffer l'huile, faire revenir légèrement le gigot sur toutes ses faces, puis le mettre dans une cocotte en fonte épaisse.

- Ajouter les oignons autour de la viande. Garnir le tout avec le cumin, le paprika, le piment, l'ail, le sel, le poivre, le bouquet de coriandre et les gousses d'ail entières.

- Arroser le gigot avec l'eau ou le bouillon, amener à ébullition, puis couvrir et laisser mijoter environ 2 h 30, jusqu'à ce que la viande se détache aisément. Retourner la viande de temps en temps.

- Retirer délicatement le gigot de la cocotte, le mettre sur une plaque allant au four et le garder au chaud.

- Faire réduire le fond de cuisson. La sauce doit être onctueuse. Dégraisser au besoin.

- Avant de servir, passer rapidement le gigot au four afin d'en dorer la surface.

- Servir avec du riz ou des pommes de terre au four, le tout accompagné de sauce.

### NOTE

Pour vérifier le degré de cuisson de l'agneau, qui est meilleur lorsque rosé, utiliser le thermomètre à viande : à une température de 63 °C (145 °F), il sera saignant ; à une température de 68 °C (155 °F), il sera rosé.

## Gigot d'agneau au citron et au romarin

4 à 6 portions • Préparation : 12 h + 10 min • Cuisson : 2 h
(selon la grosseur du gigot)

**Par le chef Hélène Savaria, du service de traiteur Savaria, Montréal**

*Cette recette d'inspiration italienne du chef Savaria est simple à exécuter.*

- Bien mélanger tous les ingrédients sauf le sel et l'agneau.

- La veille du repas, mettre le gigot sur une plaque et l'enrober de toute la marinade, puis saler. Réfrigérer au moins 12 h.

- Préchauffer le four à 150 °C (300 °F). Cuire le gigot environ 2 h ou jusqu'à ce que le centre soit très rosé.

- Au terme de la cuisson, faire des tranches et servir dans son jus. S'il n'y a pas assez de jus de cuisson, ajouter un peu d'eau ou du bouillon dans la plaque et mélanger à l'aide d'un fouet.

- Servir avec des haricots rôtis à l'ail et des petites pommes de terre cuites au four dans un peu d'huile d'olive, du sel et du poivre.

### NOTE

Pour vérifier le degré de cuisson de l'agneau, qui est meilleur lorsque rosé, utiliser le thermomètre à viande : à une température de 63 °C (145 °F), il sera saignant ; à une température de 68 °C (155 °F), il sera rosé.

## INGRÉDIENTS

- 175 ml (³/₄ tasse) d'huile d'olive
- Le zeste et le jus de 2 citrons
- 1 gousse d'ail, hachée
- Quelques brins de romarin frais
- Poivre
- Sel
- 1 gigot d'agneau

## Gigot, sauce à l'italienne

6 à 8 portions • Préparation : 20 min • Cuisson : 2 h 30

### INGRÉDIENTS

**AGNEAU**
- 1 gigot de 1,5 kg (3 1/4 lb)
- Sel et poivre
- 3 clous de girofle
- 2 ou 3 brins de romarin frais ou 1 c. à café (1 c. à thé) de romarin séché
- 2 ou 3 brins de thym frais ou 1 c. à café (1 c. à thé) de thym séché
- Quelques morceaux de lard (bacon)
- 560 ml (2 1/4 tasses) de vin blanc ou 3/4 d'une bouteille

**SAUCE À L'ITALIENNE**
- 1 c. à soupe d'huile
- 2 ou 3 échalotes, en rondelles
- 6 champignons, en tranches
- 200 ml (3/4 tasse) de vin blanc ou le reste de la bouteille
- Origan
- 1 c. à soupe de persil
- 1 gousse d'ail, pressée
- Sel et poivre
- Noix de beurre
- 1 c. à soupe de farine

### PRÉPARATION

**Par Julie Dallaire, Montréal**

*Simplicité mais raffinement, voilà qui décrirait à merveille le mets que nous vous suggérons ici.*

- Mettre le gigot dans une cocotte avec de l'eau, le sel, le poivre, les clous de girofle, le romarin, le thym, le lard et le vin.
- Cuire au four à 135 ou 150 °C (275 ou 300 °F) environ 2 h 30 ou jusqu'à ce que le centre soit très rosé.
- Dans une poêle, chauffer l'huile et faire sauter les échalotes et les champignons.
- Ajouter le vin, l'origan, le persil et l'ail, et laisser cuire quelques minutes en remuant.
- Ajouter le sel, le poivre et lier avec le beurre et la farine.
- Au terme de la cuisson, mettre le gigot dans son plat. Verser sur le dessus la sauce à l'italienne et servir chaud avec une salade verte et des pommes de terre mousseline.

### NOTE

Pour vérifier le degré de cuisson de l'agneau, qui est meilleur lorsque rosé, utiliser le thermomètre à viande : à une température de 63 °C (145 °F), il sera saignant ; à une température de 68 °C (155 °F), il sera rosé.

# Gigot de sept heures aux canneberges séchées et au Duo du paradis

6 à 8 portions • Préparation : 25 min • Cuisson : 7 h

**Par le chef Gérard Beyer, du service de traiteur Maison Aubrey, Outaouais**

*Rien de mieux pour les occasions spéciales que ce mets recherché.*

- Dans une sauteuse, chauffer le beurre et faire dorer le gigot sur toutes les faces. Réserver.
- Préchauffez le four à 120 °C (250 °F).
- Dans une cocotte, faire chauffer 2 c. à soupe d'huile et faire fondre les oignons et l'ail 5 min à feu doux.
- Mettre le gigot dans la cocotte avec les aromates. Saler, poivrer, arroser du reste d'huile et de deux verres d'eau. Parsemer de romarin. Couvrir la cocotte et la mettre au four pendant 7 h.
- Vers la fin de la cuisson du gigot, faire suer les oignons 3 min dans 30 g (1 oz) de beurre.
- Ajouter le veau et laisser cuire 5 min à feu moyen. Retirer de la chaleur, ajouter le jambon, les canneberges, le fromage, l'œuf et les fines herbes. Assaisonner de sel, de poivre et de piment de la Jamaïque.
- Farcir le gigot de ce mélange, puis coudre l'ouverture.
- Garnir de jus de cuisson, si désiré.

## INGRÉDIENTS

- 60 g (2 oz) de beurre
- 1,8 kg (3 ½ lb) de gigot d'agneau frais du Québec, désossé
- 4 c. à soupe d'huile d'olive
- 4 oignons, émincés
- 8 gousses d'ail, émincées
- Thym
- Laurier
- Sauge
- Sel et poivre
- 2 brins de romarin

### FARCE

- 3 oignons nouveaux, émincés
- 30 g (1 oz) de beurre
- 210 g (7 oz) d'épaule de veau, hachée
- 210 g (7 oz) de jambon blanc, haché
- 200 g (1 ⅔ tasse) de canneberges séchées
- 150 g (5 oz) de fromage Duo du paradis (50 % lait de brebis, 50 % lait de vache), en dés
- 1 œuf, battu
- 2 c. à soupe de fines herbes (persil, cerfeuil...), ciselées
- Sel et poivre
- ½ c. à café (½ c. à thé) de piment de la Jamaïque

## Agneau tomaté au parfum de menthe

4 portions • Préparation : 1 h 15 • Cuisson : 1 h 15

### Par le restaurant Les Quatre Feuilles, Montérégie

*Mariez les saveurs traditionnelles et actuelles avec cette recette du restaurant Les Quatre Feuilles.*

### PRÉPARATION

- Dans un plat, mélanger la viande, l'huile, les poivrons, les échalotes, le sel, le poivre et la menthe. Laisser reposer 1 h au réfrigérateur.
- Préchauffer le four à 180 °C (350 °F).
- Dans un faitout, faire sauter la viande pendant 5 min à feu vif, déglacer avec le vin et ajouter les tomates.
- Mettre au four environ 1 h 15 ou jusqu'à ce que la viande soit tendre.

### INGRÉDIENTS

- 1 kg (2 lb) de gigot d'agneau, dégraissé, désossé et coupé en cubes de 1,25 cm (½ po)
- 4 c. à soupe d'huile d'olive
- 1 poivron vert, en petits cubes
- 4 échalotes françaises, en petits morceaux
- Sel et poivre concassé
- 4 feuilles de menthe fraîche
- 125 ml (½ tasse) de vin blanc
- 8 tomates, en petits cubes

## Gigot au cidre fort

4 à 6 portions • Préparation : 24 h + 20 min • Cuisson : 2 h

### Par Julie Dallaire, Montréal

*Prenez le temps de préparer ce plat ; vous serez épaté du résultat !*

- Mélanger l'huile, l'ail, les clous de girofle, le thym, les feuilles de laurier, le basilic, le persil, les échalotes et le sel. Bien enrober le gigot du mélange et faire mariner pendant 24 h, directement dans la cocotte de cuisson.
- Au terme de la macération, préchauffer le four à 150 °C (300 °F). Arroser le gigot avec 200 ml (¾ tasse) de cidre et cuire environ 2 h.
- Après la cuisson, passer le jus au tamis, puis le faire réduire avec le beurre, la farine et le reste du cidre pour obtenir une sauce onctueuse.
- Servir avec du riz et les légumes de votre choix.

### NOTE

Pour vérifier le degré de cuisson de l'agneau, qui est meilleur lorsque rosé, utiliser le thermomètre à viande : à une température de 63 °C (145 °F), il sera saignant ; à une température de 68 °C (155 °F), il sera rosé.

- 125 ml (½ tasse) d'huile
- 2 ou 3 gousses d'ail
- 3 clous de girofle
- ½ c. à café (½ c. à thé) de thym
- 2 ou 3 feuilles de laurier
- ½ c. à café (½ c. à thé) de basilic
- ½ c. à café (½ c. à thé) de persil
- 2 échalotes, coupées grossièrement en morceaux
- 1 pincée de sel
- 1 gigot de 1 kg (2 lb)
- 325 ml (1 ¼ tasse) de cidre fort
- Noix de beurre
- 1 c. à soupe de farine

## Tranches de gigot du Québec à l'ail doux et au romarin

4 portions • Préparation : 30 min • Cuisson : 7 min

### INGRÉDIENTS

- 250 ml (1 tasse) de lait
- 12 gousses d'ail, épluchées
- 4 tranches de gigot d'agneau de 2 cm ($^3/_4$ po) d'épaisseur avec l'os
- 3 c. à soupe d'huile d'olive
- 2 brins de romarin frais
- Romarin séché ou romarin frais, haché
- 60 g ($^1/_4$ tasse) de beurre
- Sel et poivre
- 25 ml (1 oz) de Ricard
- 200 ml ($^3/_4$ tasse) de Fond d'agneau (p. 44) ou de fond de veau
- 2 c. à soupe de persil, haché

### PRÉPARATION

**Par le chef Patrick Vesnoc, du restaurant Les Chanterelles du Richelieu, Montérégie**

*Le chef Patrick Vesnoc et sa complice Nicole Houle sont des passionnés de cuisine. Pour un rôti au goût champêtre, la recette qui suit sera parfaite.*

- Dans une petite casserole, amener le lait à ébullition et blanchir l'ail. Ensuite, rincer à l'eau froide, puis égoutter. Rissoler l'ail légèrement et réserver.

- Badigeonner les tranches de gigot d'huile et saupoudrer de romarin.

- Dans un poêlon, chauffer le beurre et faire revenir les tranches de gigot de 3 à 4 min de chaque côté jusqu'à l'obtention d'une belle coloration. Saler et poivrer, puis ajouter les brins de romarin.

- Pendant la cuisson, flamber les tranches avec le Ricard.

- Retirer les tranches d'agneau et ajouter l'ail réservé.

- Déglacer avec le fond d'agneau, porter à ébullition en décollant les sucs de cuisson et laisser cuire 5 min.

- Vérifier l'assaisonnement de la sauce et réchauffer légèrement les tranches de gigot.

- Disposer les tranches de gigot sur des assiettes, puis verser le jus. Garnir de persil.

## Gigot d'agneau de lait de la Ferme Moreau braisé au parfum d'épices de Voilà Masala et aux légumes du maraîcher René Piché

4 portions • Préparation : 15 min • Cuisson : 45 min

**Par Gérard Fischer, chef et propriétaire du restaurant Le Tartuffe, Outaouais**

*Le chef Gérard Fisher vous fait découvrir la diversité des produits québécois dans cette recette. Il combine avec succès la gastronomie française à la fine cuisine du terroir de l'Outaouais.*

### PRÉPARATION

- Dans un plat creux allant au four, mettre le gigot dans un peu d'huile. Faire colorer légèrement au four à 200 °C (400 °F) de 20 à 25 min. Dégraisser.
- Ajouter tous les légumes et l'ail puis saupoudrer de Kinabalu. Mouiller avec le vin et le fond de veau. Saler et poivrer.
- Poursuivre la cuisson au four 30 min, en arrosant fréquemment le gigot.
- Dresser le gigot en tranches sur un plateau ovale et disposer les légumes autour. Napper avec un peu de jus de cuisson et verser le reste dans une saucière.

* Kinabalu : Mélange d'épices d'Orient, moyennement fort, de Voilà Masala.

**NOTE**

Pour vérifier le degré de cuisson de l'agneau, qui est meilleur lorsque rosé, utiliser le thermomètre à viande : à une température de 63 °C (145 °F), il sera saignant ; à une température de 68 °C (155 °F), il sera rosé.

### INGRÉDIENTS

- 1 gigot d'agneau de lait de 2,5 kg (5 lb) paré par le boucher
- Huile végétale
- 2 oignons blanc moyens, en cubes
- 4 grosses carottes, en rondelles
- 2 navets blancs, en cubes
- 2 tomates, en cubes
- 4 gousses d'ail, émincées
- 1 c. soupe de mélange d'épice Kinabalu* de Voilà Masala
- 500 ml (2 tasses) de vin blanc
- 500 ml (2 tasses) de fond brun de veau
- Sel fin et poivre

## Agneau vapeur

4 à 6 portions • Préparation : 10 min • Cuisson : 2 h

### INGRÉDIENTS

- 3 c. à soupe de cumin
- 3 c. à soupe de paprika
- 3 pincées de sel
- 1 gigot d'agneau de 1 kg (2 lb)

### PRÉPARATION

**Par Ndeye Marie Fall, Québec**

*Simple et rapide à préparer, cette recette comblera l'appétit de vos invités tout en vous laissant le loisir de profiter de leur présence.*

- Mélanger les épices.
- Enduire le gigot du mélange d'épices sur toutes ses faces.
- Couvrir au complet le gigot d'étamine ou d'un linge propre. (Note : le linge restera taché par la suite.)
- Cuire à la vapeur dans un couscoussier pendant 2 h.
- Servir avec des légumes cuits à la vapeur et du couscous.

**NOTE**

Pour vérifier le degré de cuisson de l'agneau, qui est meilleur lorsque rosé, utiliser le thermomètre à viande : à une température de 63 °C (145 °F), il sera saignant ; à une température de 68 °C (155 °F), il sera rosé.

# JARRET

# Brasato di Stinco d'Agnello, jarrets d'agneau braisés aux anchois et aux tomates

**6 portions • Préparation : 30 min • Cuisson : 1 h 45**

## PRÉPARATION

**Par le chef Roberto Stabile, de Ristorante Primo & Secondo, Montréal**

*Le chef Roberto Stabile et son partenaire Ivo Sparapani vous initient par cette recette à la joie de vivre à l'italienne.*

- Utiliser une casserole assez grande pour placer les jarrets côte à côte. Chauffer l'huile à feu moyen et faire dorer l'agneau environ 15 min, sur tous les côtés.
- Enlever le surplus de gras, saler et poivrer.
- Ajouter les anchois, l'ail, le romarin et le piment, et laisser cuire 1 min.
- Ajouter le vin et laisser mijoter pour que l'alcool s'évapore.
- Ajouter le bouillon et les tomates, couvrir et laisser réduire à feu doux. Laisser mijoter en tournant les jarrets de temps en temps, jusqu'à ce que la viande soit tendre, soit environ 1 h 30.
- Au terme de la cuisson, ajouter les olives et remuer en augmentant la chaleur. Transférer le tout dans un plat chaud et garnir de persil.

## INGRÉDIENTS

- 6 petits jarrets d'agneau, bien asséchés
- 2 c. à soupe huile d'olive extravierge
- Sel et poivre fraîchement moulu
- 6 filets d'anchois
- 2 gousses d'ail, hachées finement
- 1 c. à soupe de romarin frais, haché
- 1 petit piment rouge séché, écrasé
- 125 ml (1/2 tasse) de vin blanc sec
- 375 ml (1 1/2 tasse) de bouillon de viande
- 200 g (1 tasse) de tomates en conserve en dés ou de tomates fraîches, pelées, épépinées et coupées en dés
- 90 g (3/4 tasse) d'olives noires Gaeta
- 1 c. à soupe de persil italien frais, haché

## INGRÉDIENTS

- 10 jarrets d'agneau
- 60 g (¼ tasse) de farine
- 60 g (¼ tasse) de beurre
- 2 c. à café (2 c. à thé) d'huile
- 1 carotte, en petits dés
- 1 pied de céleri, en petits dés
- 1 oignon, en petits dés
- 250 ml (1 tasse) de vin blanc
- 1 c. à soupe de pâte de tomates
- Thym
- 3 feuilles de laurier
- 1 litre (4 tasses) de bouillon
- Persil
- 1 gousse d'ail, hachée
- Le zeste d'un demi-citron
- Fécule de maïs

## PRÉPARATION

## Jarrets d'agneau en osso-buco
**10 portions • Préparation : 15 min • Cuisson : 1 h 30**

**Par Jean-Claude Brévard, chef propriétaire du restaurant Le Mouton Noir, Charlevoix**

*Le chef propriétaire du Mouton Noir, Jean-Claude Brévard, se plaît à préparer toutes les parties de l'agneau.*

- Fariner les jarrets et les saisir dans l'huile et le beurre. Ajouter les carottes, le céleri et les oignons ; les faire dorer.
- Verser le vin. Ajouter la pâte de tomates, le thym et les feuilles de laurier, et faire réduire. Ajouter le bouillon. Faire cuire environ 1 h 30. Au terme de la cuisson, ajouter le persil, l'ail et le zeste de citron.
- Lier avec la fécule au besoin. Servir avec un risotto au safran ou des pâtes avec parmesan râpé.

## Jarrets d'agneau façon Toits Bleus
**6 portions • Préparation : 20 min • Cuisson : 2 h**

- 6 jarrets d'agneau
- 1 oignon, coupé en biais
- 1 tête d'ail, coupée en biais
- 1 carotte, en rondelles
- 3 feuilles de laurier
- 4 pincées de thym
- 4 pincées de romarin
- 3 clous de girofle
- Persil
- Sel et poivre
- 2 c. à soupe de pâte de tomates

**Par le chef Claude Sadorge, du restaurant Les Toits Bleus, Estrie**

*Claude Sadorge, chef et propriétaire des Toits Bleus, considère les abats, dont le jarret fait partie, comme les parties les plus nobles et les plus gustatives de la viande. Soyez curieux et étonnez vos papilles !*

- Mettre tous les ingrédients dans une casserole, couvrir d'eau et amener à ébullition.
- Écumer et réduire la chaleur, puis laisser mijoter 2 h à couvert, tout en dégraissant et en écumant régulièrement. Retirer les jarrets délicatement. Filtrer le bouillon et lier avec un roux.
- Rectifier l'assaisonnement au besoin avec de l'ail, du romarin, du thym, du sel, du poivre. (On peut aussi ajouter du safran ou du cari si désiré.) Servir les jarrets avec cette sauce.
- Accompagner de flageolets (trempés la veille dans de l'eau, rincés, puis cuits dans le reste du bouillon), de panais, de tomates à la provençale, de petits pois ou de carottes sautées à l'huile d'olive.

## Jarrets d'agneau de sept heures

**4 portions · Préparation : 20 min · Cuisson : 7 h**

**Par Sophie Côté, Lac-Saint-Jean**

*Vous voulez un plat d'agneau délicieux qui fond dans la bouche ? Rien de plus facile !*

### PRÉPARATION

- Dans un poêlon, chauffer le beurre et faire revenir les jarrets sur toutes les faces. Mettre la viande dans un plat allant au four.
- Dans le même poêlon, faire fondre les oignons dans un peu de beurre jusqu'à ce qu'ils soient transparents.
- Ajouter le vin et faire évaporer l'alcool.
- Mettre le vin et les oignons dans le plat avec les jarrets.
- Ajouter les pruneaux et la cannelle.
- Préchauffer le four à une température de 120 à 150 °C (250 à 300 °F) et cuire à couvert pendant 7 h.
- Retourner la viande de temps en temps et arroser d'eau au besoin.

### INGRÉDIENTS

- Beurre
- 4 jarrets d'agneau ou le cou
- 4 oignons, en tranches minces
- 250 ml (1 tasse) de vin rouge ou du bouillon de légumes ou 175 ml ($^3/_4$ tasse) de porto
- Quelques pruneaux séchés
- $^1/_2$ c. à café ($^1/_2$ c. à thé) de cannelle

## Jarret d'agneau en gelée

4 à 6 portions • Préparation : 10 min + 24 h • Cuisson : 4 h

### Ingrédients

- 1 kg (2 lb) de jarret d'agneau non désossé
- ½ oignon espagnol, en morceaux
- 1 gousse d'ail, émincée
- 2 c. à café (2 c. à thé) de gros sel
- ¼ c. à café (¼ c. à thé) d'achillée* séchée
- Une pincée de thym sauvage
- ¼ c. à café (¼ c. à thé) de poudre d'ail

### Préparation

**Par Bernard Tremblay et Yvonne Lefort, artisans-cuisiniers de plantes sauvages de L'Arôme des Bois, Laurentides**

*L'Arôme des bois s'intéresse particulièrement aux propriétés gastronomiques des plantes qui sont si rustiques qu'on les qualifie de « mauvaises herbes ». Faites l'expérience d'herbes rares dans cette recette originale.*

- Mettre les jarrets dans une casserole, bien serrés les uns sur les autres. Ajouter les oignons, l'ail et le gros sel.
- Couvrir d'eau et faire mijoter à feu doux plusieurs heures.
- Laisser refroidir la viande dans son jus toute la nuit.
- Dégraisser la viande.
- Réchauffer pour égoutter et conserver le jus de cuisson.
- Dépecer les jarrets.
- Passer la viande au hachoir et la mettre dans une casserole avec le bouillon de cuisson et les épices. Faire mijoter 1 h à feu doux.
- Verser le mélange dans des petits plats à gelée et faire refroidir au réfrigérateur. Démouler avant de servir.

* Si on ne trouve pas d'achillée millefeuille, on peut la remplacer par du cerfeuil.

## Souris d'agneau braisées aux parfums d'épices

4 portions • Préparation : 20 min • Cuisson : 3 h 30

**Par Renée Roy et Claudine Roy, du restaurant Brise-Bise, Gaspésie**

*Provenant d'une des plus belles régions du monde, la recette suivante vous rappellera les plaisirs de la mer. Elle est offerte par le Brise-Bise, restaurant situé au cœur de la ville de Gaspé qui cultive le bonheur de partager et de faire découvrir.*

### PRÉPARATION

- Dans une casserole, faire chauffer le beurre et l'huile.
- Saler et poivrer les souris d'agneau. Saisir les souris sur tous les côtés et les réserver sur une grille.
- Dans la même casserole, faire suer le céleri, les oignons, l'ail, le thym et le laurier. Ajouter le gingembre, le zeste et le jus d'orange. Ajouter les épices. Verser la sauce aux huîtres et laisser caraméliser légèrement. Déglacer avec le vin ou le saké et réduire à sec.
- Remettre les souris dans la casserole et mouiller avec le fond d'agneau ou de veau. Porter à ébullition et écumer.
- Couvrir et cuire au four à 160 °C (325 °F) pendant 3 h 30, en retournant la viande pendant la cuisson.
- Vérifier la cuisson. Retirer les souris d'agneau de la casserole et les garder au chaud.
- Passer le jus de cuisson au tamis et réduire jusqu'à consistance voulue.

### GREMOLATA

- Faire sécher les zestes d'orange et de citron vert au four à 80 °C (175 °F). Laisser refroidir. Mélanger avec le reste des ingrédients qui composent la gremolata.

### NOTE

Avant de servir, bien chauffer la sauce et les souris. Disposer la souris dans l'assiette, napper de sauce et saupoudrer de gremolata. Accompagner de pâtes fraîches sautées à l'huile de sésame grillé et de pois mange-tout à la menthe.

### INGRÉDIENTS

- 6 c. à soupe de beurre
- 6 c. à soupe d'huile d'olive
- Sel et poivre
- 4 souris d'agneau
- 1 branche de céleri, en cubes
- 1 gros oignon blanc, en cubes
- 6 gousses d'ail, écrasées
- 3 brins de thym frais
- 2 feuilles de laurier
- 2 c. à soupe de gingembre frais, haché
- Le zeste et le jus d'une orange
- 6 anis étoilés
- 4 bâtons de cannelle
- 8 clous de girofle entiers
- 20 grains de poivre noir entiers
- 4 c. à soupe de sauce aux huîtres
- 250 ml (1 tasse) de vin blanc ou de saké
- 1,5 litre (6 tasses) de Fond d'agneau (p. 44) ou de fond de veau

**GREMOLATA**

- Le zeste d'une demi-orange, haché finement
- Le zeste d'un demi-citron vert, haché finement
- 2 c. à soupe de coriandre fraîche, hachée
- 1/2 c. à café (1/2 c. à thé) d'huile de sésame grillé
- 1 c. à café (1 c. à thé) de fleur de sel

# MIJOTÉS

# Cari d'agneau

**4 à 6 portions • Préparation : 15 min • Cuisson : 40 min**

**Par Ndeye Marie Diallo, Montréal**

*Le cari est un mélange d'épices composé principalement de piment et de curcuma, mais dont les ingrédients peuvent varier selon les pays et les régions. Voici un classique toujours apprécié.*

## PRÉPARATION

- Dans une casserole, chauffer l'huile et faire revenir l'agneau à feu moyen. Quand la viande est dorée, ajouter les oignons, l'ail et les tomates. Faire cuire en remuant pendant 5 min. Ajouter le cari, l'eau, les carottes et les pommes de terre.
- Laisser mijoter à feux doux pendant 20 à 30 min.
- Saler et poivrer.
- Servir chaud sur un nid de riz.

## INGRÉDIENTS

- Huile
- 1,5 kg (3 ¼ lb) d'épaule d'agneau désossée, en cubes
- 3 oignons, émincés
- 2 gousses d'ail, pilées
- 3 grosses tomates fraîches, en cubes
- 4 c. à soupe de cari en poudre
- 500 ml (2 tasses) d'eau
- 3 grosses carottes, en rondelles
- 3 grosses pommes de terre, coupées en 4
- Sel et poivre
- Riz

## Mafé aux gombos, sauce à l'arachide

4 portions • Préparation : 20 min • Cuisson : 40 min

### INGRÉDIENTS

- 480 g (1 lb) d'agneau, en cubes
- Huile
- 2 oignons, hachés finement
- 1 petite conserve de pâte de tomates
- 1 litre (4 tasses) d'eau
- 4 gousses d'ail, pressées
- 1 piment jamaïcain
- 2 patates douces (facultatif)
- 480 g (1 lb) de gombos* frais ou surgelés, parés et coupés en fines rondelles
- 210 g (7 oz) de beurre d'arachide régulier ou crémeux
- Sel et poivre

### PRÉPARATION

**Par Ndeye Marie Diallo, Montréal**

*On retrouve le gombo (ou okra) dans les recettes latino-américaines et africaines. Ce petit fruit vert consommé comme légume est riche en calcium et en fer et constitue une bonne source de vitamines A, B et C.*

- Dans une grande casserole, faire revenir la viande à feu vif dans un fond d'huile jusqu'à ce qu'elle soit dorée.
- Ajouter les oignons. Quand ils sont dorés, ajouter la pâte de tomates délayée dans 500 ml (2 tasses) d'eau.
- Réduire à feu moyen et ajouter 500 ml (2 tasses) d'eau supplémentaires. Incorporer l'ail et le piment.
- Ajouter les patates douces et les laisser cuire 10 min, puis ajouter les gombos et les cuire 15 min. Poursuivre la cuisson à feu très doux, ajouter le beurre d'arachide et laisser mijoter environ 15 min de plus.
- Saler et poivrer. Servir sur du riz blanc.

* On trouve le gombo au supermarché, frais ou surgelé, ou dans les épiceries exotiques, en conserve. Si on achète des gombos en conserve, on doit les rincer à l'eau claire.

## Cassoulet à l'agneau

6 portions · Préparation : 1 h + 24 h · Cuisson : 3 ½ h

**Par Bernard Tremblay et Yvonne Lefort, artisans-cuisiniers de plantes sauvages de L'Arôme des Bois, Laurentides**

*Voici une délicieuse façon d'utiliser les restes de gigot d'agneau.*

### INGRÉDIENTS

- 960 g (2 lb) de fèves blanches sèches
- 1 litre (4 tasses) d'eau
- 240 g (8 oz) de saucisson polonais à l'ail, en petits cubes
- 360 g (¾ lb) d'agneau, braisé et en petits cubes
- 150 g (5 oz) de lard salé recouvert d'une couche de graisse, en petits cubes
- 1 oignon espagnol, haché finement
- 2 gousses d'ail, hachées
- 200 g (1 tasse) de tomates, en dés
- 250 ml (1 tasse) de Fond d'agneau (p. 44) ou de bouillon de poulet
- Thym sauvage
- Laurier moulu
- Poivre

### PRÉPARATION

- Rincer abondamment les fèves. Couvrir d'eau et porter à ébullition. Laisser mijoter 5 min.

- Laisser reposer 1 h à couvert, puis égoutter et rincer à l'eau froide.

- Mettre les fèves dans une grande lèchefrite (ou dans une cocotte), ajouter les autres ingrédients et bien mélanger. Couvrir et cuire au four pendant 1 h à 180 °C (350 °F), puis 2 h supplémentaires à 150 °C (300 °F).

- Vérifier de temps à autre qu'il y ait toujours du liquide à la surface du cassoulet.

- Fermer le four et laisser reposer le cassoulet toute la nuit. Il sera parfait pour le dîner du lendemain.

- Ce plat se conserve très bien au congélateur. Réchauffer dans une petite casserole à feu très doux.

**NOTE**

Voilà une délicieuse façon d'utiliser les restes de gigot d'agneau.

MIJOTÉS

# Complètement couscous

**8 portions • Préparation : 30 min • Cuisson : 1 h**

**Par Julie Dallaire, Montréal**

*Voici le plat idéal pour recevoir en toute convivialité.*

## PRÉPARATION

- Dans une casserole très large, faire cuire le gigot avec les tomates et leur jus. Parfumer avec quelques feuilles de laurier et du sel. Laisser mijoter doucement 40 min.
- Mettre dans la casserole tous les légumes-racines, l'origan, la courge d'hiver et les oignons. Couvrir et cuire encore de 20 à 25 min.
- Griller les autres viandes sur le barbecue pour faire coïncider les temps de cuisson.
- Ajouter les courgettes, l'huile et le cayenne dans la casserole.
- Préparer la semoule avec le jus de cuisson directement dans un grand plat de service : laisser simplement reposer avec suffisamment de jus de cuisson, environ 5 min, recouvert d'un linge propre.
- Avant de servir, à l'aide d'une fourchette, faire gonfler la semoule avec du beurre.
- Couper le gigot en morceaux et les autres viandes sur la longueur. Déposer le tout avec les pois chiches et les légumes sur un nid de semoule.
- Proposer de la harissa comme condiment. (Suggestion : faire cuire le gigot avant l'arrivée de vos invités, laisser refroidir, préparer les légumes et réchauffer le gigot en leur présence, en leur offrant un bon apéritif.)

## INGRÉDIENTS

- 1 petit gigot
- 20 tomates fraîches ou 2 conserves de tomates dans leur jus
- Laurier
- Sel
- 16 légumes-racines : carottes, patates, panais, navet au goût, coupés en gros morceaux
- Origan
- 1 courge d'hiver musquée, coupée en gros morceaux
- 1 gros oignon espagnol, en morceaux
- 8 saucisses merguez
- 8 saucisses douces
- 4 poitrines de poulet, coupées en lanières
- 4 courgettes d'été, en rondelles de 8 cm (3 po)
- Huile d'olive
- Cayenne
- Semoule
- Beurre
- 1 conserve de pois chiches
- Harissa

## Méchoui

**8 à 10 portions • Préparation : 25 min • Cuisson : 2 h**

*Par les chefs Anissa Zniber et Hafid Zniber, du restaurant Le Couscous Royal, Montréal*

*Le méchoui représente bien la cuisine marocaine avec ses saveurs contrastées aux accents de soleil.*

- Mélanger tous les ingrédients sauf la viande et l'eau.
- Décoller la peau de l'agneau là où cela est possible. Faire de profondes incisions dans les endroits charnus et masser la viande avec le mélange. Laisser reposer, si possible, 2 h.
- Verser l'eau sur une plaque allant au four. Mettre la viande, face charnue contre la plaque, et cuire lentement au four à basse température environ 2 h.
- Arroser la viande avec son propre jus à toutes les 15 min ; rajouter de l'eau au besoin.
- Quand la viande est presque cuite, retourner le quartier pour faire dorer l'autre face.
- Servir le quartier entier pour déguster à la main ou dans des assiettes individuelles sur lit de verdure. Le méchoui doit être servi très chaud.

### INGRÉDIENTS

- 1 c. à soupe de piment doux
- 1/4 c. à café (1/4 c. à thé) de piment fort
- 1 c. à café (1 c. à thé) de cumin
- 1 pincée de safran
- Sel
- 1 c. à soupe de jus de citron
- 80 ml (1/3 tasse) de beurre fondu
- 5 c. à soupe d'huile d'olive
- 3 kg (6 1/2 lb) d'agneau (quartiers d'épaule et côtes ou gigot avec sa demi-selle), lavé et égoutté
- 200 ml (3/4 tasse) d'eau

# Tajine d'agneau aux pruneaux

8 portions • Préparation : 15 min • Cuisson : 30 min

**Par Anissa Zniber et Hafid Zniber, du restaurant Le Couscous Royal, Montréal**

*Anissa et Hafid Zniber, propriétaires du restaurant Le Couscous Royal, préparent une cuisine marocaine traditionnelle savoureuse. Une excursion culinaire au Maroc, voilà ce que la recette suivante vous propose.*

## INGRÉDIENTS

- 1,5 kg (3 ¼ lb) d'agneau, coupé en morceaux
- 1 c. à café (1 c. à thé) de sel
- ¾ c. à café (¾ c. à thé) d'huile
- 1 c. à café (1 c. à thé) de gingembre en poudre
- 1 pincée de safran naturel, pilé
- 2 bâtons de cannelle
- 2 oignons moyens, émincés
- 3 gousses d'ail, hachées
- 480 g (1 lb) de pruneaux, lavés et gonflés dans l'eau
- 5 c. à soupe de sucre en poudre
- 1 c. à soupe rase de cannelle en poudre
- ½ c. à café (½ c. à thé) de graines de sésame
- 30 g (¼ tasse) d'amandes, mondées et frites

## PRÉPARATION

- Dans un autocuiseur, mettre la viande, le sel, l'huile, les épices, 1 oignon et l'ail. Mélanger soigneusement, laisser imprégner, puis couvrir d'eau. Verrouiller le couvercle et faire cuire 20 min à feu moyen.
- Transférer ensuite deux louches de sauce dans une casserole pour faire cuire les pruneaux. Lorsqu'ils sont presque cuits, ajouter 3 c. à soupe de sucre, la cannelle et laisser mijoter.
- Ajouter à la viande le reste des oignons, saupoudrer de 2 c. à soupe de sucre et continuer la cuisson 15 min encore, en mélangeant fréquemment.
- Faire griller légèrement les graines de sésame dans une poêle sèche.
- Dresser la viande et les pruneaux sur un plat de service, arroser de sauce et garnir avec les amandes dorées et le sésame.

## Navarin d'agneau à la bière

**4 portions • Préparation : 10 min • Cuisson : 1 h 20**

**Par le restaurant Les Quatre Feuilles, Montérégie**

*Véritable havre épicurien situé au pied du mont Rougemont parmi les vergers et les érables, Les Quatre Feuilles fait le bonheur des gourmets, des gourmands et des amants de la nature depuis de nombreuses années. Avec le Navarin à la bière, goûtez à une bouchée de ce paradis !*

### PRÉPARATION

- Dans une grande casserole, chauffer le beurre à feu vif et faire revenir l'agneau. Ajouter les oignons et le céleri et braiser légèrement.
- Incorporer la farine et mélanger.
- Mouiller de bière et de bouillon de poulet.
- Ajouter le reste des ingrédients et laisser cuire 1 h 15 à couvert et à feu doux.
- Incorporer les légumes de votre choix. Quand ils sont tendres, servir.

### INGRÉDIENTS

- 1 c. à café (1 c. à thé) de beurre
- 720 g (1 ½ lb) d'agneau, en cubes dégraissés
- 2 oignons, en cubes
- 1 branche de céleri, émincée
- 2 c. à soupe de farine tout usage
- 375 ml (1 ½ tasse) de bière blonde
- 750 ml (3 tasses) de bouillon de poulet dégraissé
- 1 feuille de laurier
- 1 brin de thym frais
- 1 bouquet de persil
- 2 c. à soupe de romarin frais
- Sel et poivre

## Ragoût d'artichauts

4 portions • Préparation : 20 min • Cuisson : 25 min

### INGRÉDIENTS

- 2 c. à soupe de beurre ou de margarine
- 2 oignons, hachés finement
- 2 c. à café (2 c. à thé) de sel
- 2 c. à café (2 c. à thé) de poivre
- 2 c. à café (2 c. à thé) de cannelle
- 4 gros morceaux d'agneau (côtelettes ou cubes)
- Eau chaude
- 15 cœurs d'artichauts en conserve ou surgelés
- 1 conserve de pois chiches
- 1 conserve de petits pois (facultatif)
- 2 œufs
- Jus d'un demi-citron

### PRÉPARATION

**Par Linda Gamaz, Montréal**

*Ce plat d'origine algérienne additionné d'une touche personnalisée se prépare facilement. Quoique inhabituel, le mariage de l'agneau et de l'artichaut, ce légume riche en glucides, fera certainement des heureux.*

- Dans une casserole, chauffer le beurre et faire revenir les oignons avec le sel, le poivre et la cannelle. Ajouter les morceaux d'agneau avant que les oignons brunissent.
- Dorer la viande à feu très doux environ 15 min.
- Ajouter de l'eau chaude jusqu'à la moitié de la casserole.
- Cuire à feu moyen jusqu'à ce que l'eau diminue de moitié.
- Ajouter les cœurs d'artichauts et les pois, et laisser mijoter à feu doux.
- Entre-temps, battre les œufs et le jus du citron jusqu'à l'obtention d'une texture uniforme.
- Au terme de la cuisson, verser les œufs et le jus de citron dans la préparation sans remuer.

# Tajine d'agneau aux pommes et aux canneberges

**6 portions • Préparation : 20 min • Cuisson : 2 h**

## PRÉPARATION

**Par Nora Hamdi, chef et propriétaire du restaurant La Maison Berbère, Dunham**

*Nora Hamdi, chef propriétaire de La Maison Berbère, vous fait découvrir la cuisine nord-africaine et méditerranéenne parfumée, haute en couleur et riche en saveurs insoupçonnées. Sortez de la routine avec ce mélange agneau-pommes-cannelle.*

- Faire dorer les morceaux de viande dans l'huile chaude, puis ajouter les oignons et l'ail. Laisser rissoler en remuant fréquemment jusqu'à ce que les oignons caramélisent. Ajouter les épices, mouiller avec une tasse d'eau, couvrir et laisser mijoter à feu doux environ 10 min.

- Mettre les morceaux d'agneau dans un tajine ou une cocotte allant au four. Allonger la sauce avec le reste de l'eau, verser la préparation sur la viande, couvrir et laisser cuire 1 h 30 à 180 °C (350 °F).

- Faire tremper les canneberges dans de l'eau froide.

- Sortir le plat du four et vérifier la cuisson ; la viande doit être bien tendre. Ajouter les pommes et les canneberges, saupoudrer de sucre de canne et remettre au four de 15 à 20 min. Rectifier l'assaisonnement au besoin. Vérifier la cuisson ; la viande doit être fondante.

- Servir chaud, accompagné de blé concassé, d'une purée de courge poivrée ou de courges rôties au four avec de l'huile d'olive.

* La casse fait partie de la même famille que la cannelle, mais cette dernière est moins parfumée.

## INGRÉDIENTS

- 1,5 kg (3 1/4 lb) d'épaule d'agneau, en morceaux
- 3 ou 4 c. à soupe d'huile d'olive
- 450 g (15 oz) d'oignons, en lamelles
- 3 gousses d'ail, écrasées
- 1/2 bouquet de persil frais
- 1 c. à café (1 c. à thé) de cannelle
- 1 c. à café (1 c. à thé) de noix de muscade moulue
- 1/2 c. à café (1/2 c. à thé) de casse* en poudre
- 1 pincée de clous de girofle en poudre
- 1 dose de safran
- 1 litre (4 tasses) d'eau
- Sel de mer et poivre blanc
- 1 kg (2 lb) de pommes épluchées et coupées en quartiers
- 150 g (1 1/4 tasse) de canneberges séchées
- 1 c. à soupe de sucre de canne

# AUTRES FANTAISIES

## Brochettes d'agneau tandouri

**Donne 10 brochettes • Préparation : 24 h + 25 min   Cuisson : quelques minutes (au goût)**

**Par Alan Riendeau, du restaurant Gandhi, Montréal**

*Situé au cœur du Vieux-Montréal, le restaurant Gandhi offre cette recette de gastronomie indienne fort appréciée par les amateurs de barbecue. En hiver, ce mets vous rappellera le soleil.*

### PRÉPARATION

- Désosser un gigot d'agneau. Après avoir séparé les parties qui composent le gigot, détacher la chair de la membrane blanchâtre qui recouvre chaque partie en glissant votre couteau très affûté entre la viande et la pellicule qui l'enveloppe. (Un gigot d'agneau devrait donner environ une dizaine de brochettes.)

- Couper en cubes de 4 à 5 cm (1 ½ à 2 po); la grosseur des cubes a un effet direct sur la cuisson: plus les cubes sont gros, plus la viande sera rosée.

- Mélanger tous les ingrédients qui composent la marinade. Bien lier avec le yogourt. Faire mariner les cubes 24 h en remuant de temps en temps.

- Faire blanchir les légumes dans de l'eau bouillante salée. Égoutter et réserver.

- Retirer la viande et réserver la marinade. Enfiler sur des broches en alternant les cubes d'agneau, les poivrons et les champignons.

- Faire cuire sur le barbecue ou au four conventionnel à 200 °C (400 °F). À l'aide de pinces, tourner les brochettes de temps à autre. Pour vérifier la cuisson sans inciser la viande, presser les cubes entre vos doigts; si la viande est tendre, elle sera rosée, et plus dure elle sera, plus elle sera cuite.

- Retirer du four ou du barbecue et envelopper les brochettes de papier aluminium. Laisser reposer ainsi pour un minimum de 20 min, ce qui attendrira la viande et rétablira les sucs naturels de l'agneau.

- Préchauffer le four à basse température. Garnir vos assiettes avec du riz et les mettre au four pour bien tempérer. Au moment de servir, disposer les brochettes sur le riz et les badigeonner avec un peu de marinade.

### NOTE
On peut faire les brochettes d'avance en prenant soin de les conserver au réfrigérateur. Pour une plus longue conservation, il est préférable de les baigner dans l'huile avant de les réfrigérer.

### INGRÉDIENTS

- 1 gigot d'agneau

**MARINADE**
- 500 ml (2 tasses) d'huile d'olive
- 2 c. à café (2 c. à thé) d'ail frais, émincé
- 1 c. à café (1 c. à thé) de gingembre moulu ou 3 c. à café (3 c. à thé) de gingembre frais, émincé
- 1 c. à café (1 c. à thé) de piment séché ou 3 piments jalapeños, émincés
- 6 brins de ciboulette, émincés
- ½ oignon, émincé
- ½ citron, pressé
- 3 c. à soupe de pâte de tomates
- ¾ c. à café (¾ c. à thé) de coriandre moulue ou 2 c. à café (2 c. à thé) de coriandre fraîche, émincée
- 3 c. à soupe de persil frais ou 1 c. à soupe de persil séché
- 1 c. à café (1 c. à thé) de poivre
- 4 feuilles de laurier
- 1 c. à café (1 c. à thé) de cardamome moulue ou 3 c. à café (3 c. à thé) de cardamome fraîche, broyée
- 1 litre (4 tasses) de yogourt nature
- 20 oignons miniatures ou 2 oignons moyens, en quartiers
- 2 poivrons verts, en quartiers
- 2 poivrons rouges, en quartiers
- 20 chapeaux de champignons

## Citrouille farcie à l'agneau

6 Portions • Préparation : 40 min • Cuisson : 1 h 25

**Par Bernard Tremblay et Yvonne Lefort, artisans-cuisiniers de plantes sauvages de L'Arôme des Bois, Laurentides**

*La citrouille constitue un légume méconnu et pourtant délicieux, comme vous serez à même de le constater avec cette recette.*

### INGRÉDIENTS

- Une petite citrouille de 20 à 25 cm (8 à 10 po) de diamètre
- 1 oignon espagnol, en morceaux de taille moyenne
- 1 branche de céleri, en fines tranches
- Un peu d'huile d'olive
- 480 g (1 lb) d'agneau haché
- 2 carottes, râpées
- 400 g (2 tasses) de tomates en conserve en dés
- 240 g (8 oz) de saucisson polonais à l'ail, en cubes
- 1/4 c. à café (1/4 c. à thé) d'origan
- 1/4 c. à café (1/4 c. à thé) de romarin
- 1 c. à soupe de fécule de pommes de terre
- 300 g (10 oz) de fromage Victor & Berthold, râpé

### PRÉPARATION

- Découper un «couvercle» dans le haut de la citrouille du côté du pédoncule. (Le couvercle pourra être remis en place pour la cuisson au four.) Évider la citrouille.
- Faire suer les oignons et le céleri à feu doux dans l'huile.
- Dans une casserole, faire revenir l'agneau. Ajouter les oignons et le céleri, les carottes, les tomates, le saucisson et les fines herbes. Laisser mijoter à feu doux jusqu'à ce que les légumes soient cuits.
- Épaissir avec la fécule de pommes de terre.
- Retirer du feu dès que des petits bouillons réapparaissent.
- Farcir la citrouille avec le mélange en alternant avec le fromage.
- Cuire au four à 180 °C (350 °F) environ 1 h, jusqu'à ce que la citrouille commence à s'affaisser.
- Racler les bords intérieurs de la citrouille pour servir de la pulpe de citrouille avec la farce.

## Fajitas à l'agneau

**6 portions • Préparation : 10 min • Cuisson : 15 à 20 min**

**Par Jean-François Samray, Montréal**

*Le fajita est une galette de maïs garnie de viande sautée et de légumes. Servi avec de la guacamole ou de la salsa, il constitue un plat traditionnel mexicain. Il est souvent accompagné de crème sure, car les enzymes de la crème peuvent neutraliser un des acides contenus dans les jalapeños, celui-là même qui est responsable de la sensation de brûlure en bouche.*

### PRÉPARATION

#### FAJITAS

- Mélanger tous les ingrédients qui composent les fajitas dans un bol jusqu'à l'obtention d'une pâte consistante. Ensuite, former 5 à 6 boules avec le mélange. Placer une boule sur une feuille de papier sulfurisé, la recouvrir d'une seconde feuille, puis étendre la pâte à l'aide d'un rouleau à pâtisserie. Le fajita devrait faire environ 20 cm (8 po) de diamètre. Recommencer l'opération avec les autres boules. (Suggestion : laisser une feuille de papier sulfurisé entre chaque galette ; cela évitera qu'elles ne collent ensemble.)

- Dans une poêle en fonte, chauffer l'huile à feu vif. Mettre un fajita et retourner 3 ou 4 fois jusqu'à ce qu'il soit bien grillé (si le feu est trop vif et que le fajita a tendance à coller, réduire la chaleur). Retirer la poêle du feu, retirer le fajita de la poêle, et le garder au chaud dans une assiette au four. Recommencer l'opération avec les autres galettes.

- Commencer la préparation de la viande et des légumes. Dans une poêle, chauffer l'huile à feu vif. Faire sauter les oignons et les champignons en remuant avec une spatule de bois. Après 4 min, ajouter les poivrons, l'agneau et le sel. Continuer à remuer environ 6 min. Retirer du feu, ajouter des feuilles de coriandre et verser dans un bol de service. Déposer ce bol sur la table avec les fajitas et servir avec les sauces d'accompagnement.

### INGRÉDIENTS

**FAJITAS\***

- 240 g (1 tasse) de farine de maïs
- 250 ml (1 tasse) d'eau chaude
- 2 c. à café (2 c. à thé) d'huile d'olive
- Papier sulfurisé

**VIANDE ET LÉGUMES**

- 1 c. à soupe d'huile d'olive
- 1 gros oignon rouge, en tranches fines
- 10 champignons de Paris, en tranches
- 1 poivron rouge, en tranches fines
- 1 poivron jaune, en tranches fines
- 150 à 210 g (5 à 7 oz) d'agneau, en cubes (provenant d'un gigot ou d'un rôti cuit la veille ; on peut aussi prendre un steak de gigot et le trancher en fines lanières)
- 1 c. à café (1 c. à thé) de sel
- Quelques feuilles de coriandre

## INGRÉDIENTS

**GUACAMOLE**
- 3 avocats mûrs, en tranches
- 1 bouquet de coriandre, haché
- ½ c. à café (½ c. à thé) de sel
- 3 échalotes françaises ou ½ oignon, en tranches
- Le jus de 3 citrons verts

## PRÉPARATION

**GUACAMOLE**

- Mettre la chair des avocats dans un robot de cuisine. Donner quelques coups.
- Ajouter les autres ingrédients et mettre le robot en marche, jusqu'à l'obtention d'un mélange bien onctueux. Servir dans un bol.

\* Si le temps vous manque, vous pouvez acheter les fajitas dans la plupart des épiceries. Pour un résultat optimal, rechercher ceux qui sont faits à base de farine de maïs.

**NOTE**

L'avocat contenu dans le guacamole a tendance à s'oxyder (noircir) facilement. Le jus de citron vert, en plus d'apporter une touche rafraîchissante, permet de ralentir ce processus. Il est donc préférable de servir en petite quantité le guacamole et d'entreposer la quantité non utilisée dans un contenant (de la bonne dimension) au réfrigérateur.

AUTRES FANTAISIES

## Tourtière à l'agneau

**Donne 6 tourtières • Préparation : 30 min + 2 h 30 • Cuisson : 1 h + 30 min**

### PRÉPARATION

Par Bernard Tremblay et Yvonne Lefort, artisans-cuisiniers de plantes sauvages de L'Arôme des Bois, Laurentides

*Traditionnelle, la tourtière ? Celle-ci sort des sentiers battus...*

- Bien mélanger tous les ingrédients sauf les 3 derniers et cuire dans une grande casserole à feu doux pendant 1 h. Saupoudrer ensuite la chapelure dans la casserole et bien mélanger.
- Laisser refroidir complètement au réfrigérateur.
- Remplir les abaisses avec le mélange de viande et cuire au four à 180 °C (350 °F) pendant 35 min.
- Pour que les croûtes soient plus dorées, les badigeonner avant de les cuire avec le mélange d'un œuf battu et de 1 c. à soupe d'eau.

### INGRÉDIENTS

- 1,2 kg (2 ½ lb) d'agneau haché
- 1,2 kg (2 ½ lb) de porc haché
- 4 c. à café (4 c. à thé) de poudre d'oignon
- 2 c. à soupe de persil
- 2 c. à café (2 c. à thé) d'anis moulu
- 1 c. à soupe d'ail, émincé
- ½ c. à café (½ c. à thé) de poivre
- 1 c. à soupe de gros sel
- 250 ml (1 tasse) de jus de légumes
- 500 ml (2 tasses) d'eau
- 60 g (½ tasse) de chapelure
- 6 abaisses pour tartes (fonds et dessus)
- 1 œuf

## Petit parmentier d'agneau sur velouté de pois verts du jardin

8 portions • Préparation : 25 min • Cuisson : 35 min

### INGRÉDIENTS

- 1,5 litre (6 tasses) de bouillon de poulet
- 600 g (2 tasses) de petits pois frais
- 120 g (½ tasse) de pommes de terre, en dés
- 90 g (½ tasse) d'oignons, en dés
- 125 ml (½ tasse) de crème 15 %
- 1 jaune d'œuf
- Sel et poivre
- 100 g (½ tasse) de poireaux, émincés
- 600 g (1 ¼ lb) de rillettes d'agneau (au confit d'oignon à l'érable de la Ferme Moreau ou autre)
- 1 kg (2 lb) de pommes de terre cuites, écrasées
- 120 g (4 oz) de vieux cheddar, en petits dés

### PRÉPARATION

**Par le chef Gaëtan Tessier, formateur au Centre Relais de la Lièvre-Seigneurie, Outaouais**

*Président de la Fédération culinaire canadienne et vice-président de l'Association outaouaise des professionnels des métiers de bouche, le chef Gaëtan Tessier vous offre une recette qui suscitera l'admiration de vos invités.*

- Faire chauffer le bouillon de poulet dans une grande casserole.
- Ajouter les petits pois, les pommes de terre, les oignons et laisser mijoter 20 min.
- Passer au mélangeur jusqu'à consistance homogène.
- Transvider la soupe dans la casserole.
- Dans un bol, mélanger la crème et le jaune d'œuf.
- Tout en mélangeant, ajouter peu à peu le mélange de crème et d'œuf à la soupe.
- Réchauffer, saler et poivrer.
- Badigeonner 8 ramequins de beurre fondu.
- Mettre un petit cercle de papier sulfurisé (ciré) au fond des ramequins. Couvrir ensuite le fond de poireaux.
- Ajouter uniformément les rillettes et le mélange de pommes de terre et de cheddar.
- Bien presser le tout et cuire au four à 200 °C (400 °F) environ 15 min.
- Démouler au fond d'une assiette creuse et verser le velouté à mi-hauteur du ramequin.
- Décorer et servir.

AUTRES FANTAISIES

## L'agneau servi froid : la trilogie de sandwichs

4 portions • Préparation : 5 min • Cuisson : aucune

Par Julie Dallaire, Montréal

*Il y a toujours moyen de passer les restants !*

### SANDWICH N° 1

- Mettre quelques tranches d'agneau entre deux tranches de pain au sésame.
- Sur l'une des tranches, étendre un mélange piquant de harissa, d'huile d'olive et de quelques gouttes de vinaigre balsamique.
- Sur l'autre tranche, étendre tout simplement le miel. Garnir de verdure.

### SANDWICH N° 2

- Sur une tranche d'un pain aromatisé aux noix, étendre une généreuse couche de crème sure.
- Garnir de betteraves, de tranches d'agneau et de laitue. Poivrer l'autre tranche et assembler.

### SANDWICH N° 3

- Mettre dans la ciabata une bonne quantité d'agneau.
- Ajouter l'œuf, la mayonnaise, les épinards et les oignons.
- Garnir de coriandre.
- Servir une bonne salade d'accompagnement avec ce demi-sandwich.

## INGRÉDIENTS

### SANDWICH N° 1
- 8 morceaux d'agneau, en tranches fines
- 8 tranches de pain au sésame
- ½ c. à café (½ c. à thé) de harissa
- 1 c. à café (1 c. à thé) d'huile d'olive
- Vinaigre balsamique
- Miel
- Verdure de votre choix

### SANDWICH N° 2
- 8 tranches de pain aux noix, nature ou grillées
- Crème sure
- 60 g (½ tasse) de betteraves rouges et blanches, en tranches
- Quelques tranches de gigot d'agneau
- Quelques feuilles de laitue
- Poivre

### SANDWICH N° 3
- 2 pains ciabata
- 1 tasse d'agneau cuit, en morceaux
- 4 œufs poêlés, cuits des 2 côtés
- Mayonnaise
- Quelques feuilles d'épinards frais
- 1 petit oignon espagnol, cuit et en fines tranches, ou 4 échalotes françaises, en fines tranches
- Coriandre fraîche

## Capicollo et tartare d'agneau bio de la Ferme Moreau et salade de légumes grillés

4 portions • Préparation : 1 h + 20 min • Cuisson : 5 à 10 min

Par le chef Gaëtan Tessier, formateur au Centre Relais de la Lièvre-Seigneurie, Outaouais

*Le chef Gaëtan Tessier, formateur au Centre Relais de la Lièvre-Seigneurie, vous fait découvrir un produit du terroir de l'Outaouais : le capicollo d'agneau.*

### AGNEAU

- Dans un bol ou un contenant hermétique, mélanger tous les ingrédients sauf le capicollo d'agneau et laisser mariner 1 h au réfrigérateur.
- Dans une assiette de service, dresser une tranche de capicollo et un peu de tartare sur le dessus. Répéter l'opération une deuxième fois et terminer avec une troisième tranche de capicollo.
- Servir avec la salade de légumes grillés.

### SALADE

- À l'aide d'un panier résistant à la chaleur ou d'un faitout, faire cuire les légumes sur le barbecue.
- Dans un bol, mettre les légumes grillés.
- Mélanger tous les ingrédients qui composent la vinaigrette et verser celle-ci sur les légumes. Laisser macérer 1 h.

\* Sambal oelek : pâte de chili en pot offerte dans les épiceries orientales

\*\* Vendu à la ferme Moreau, Ripon, Outaouais

## INGRÉDIENTS

### AGNEAU

- 210 g (7 oz) d'agneau frais, haché
- 2 c. à café (2 c. à thé) de coriandre fraîche, hachée
- 2 c. à soupe de pesto de tomates séchées, haché
- 1 c. à soupe de tamari
- ½ c. à café (½ c. à thé) de sambal oelek *
- 1 c. à soupe d'échalotes, hachées
- 2 c. à soupe d'huile d'olive extravierge
- 1 c. à café (1 c. à thé) de câpres
- 1 c. à café (1 c. à thé) de moutarde de Dijon
- 1 gousse d'ail, hachée
- ½ c. à café (½ c. à thé) de gingembre, râpé
- 12 tranches de capicollo d'agneau **

### SALADE

- 2 courgettes, en larges lamelles
- 1 poivron vert, en larges lamelles
- 1 poivron rouge, en larges lamelles
- 1 aubergine, en larges lamelles
- 1 oignon rouge, en larges lamelles
- 4 tomatilles, évidées

### VINAIGRETTE

- 2 c. à soupe de coriandre fraîche
- 60 ml (¼ tasse) de sirop d'érable ambré
- 60 ml (¼ tasse) de bière Trois-Pistoles
- 60 ml (¼ tasse) de jus de citron
- 60 ml (¼ tasse) d'huile de sésame
- 80 ml (⅓ tasse) d'huile de tournesol
- 1 c. à soupe de moutarde à l'ancienne

AUTRES FANTAISIES

## Le coincé d'aubergine

4 à 6 portions • Préparation : 30 min • Cuisson : 30 min

Par Julie Dallaire, Montréal

*Pas besoin d'être un scout pro des nœuds pour donner un petit côté sculptural à ce plat !*

- Demander à son boucher de couper le gigot en belles tranches. Prévoir 1 tranche par portion.
- Mélanger le miel et l'huile dans un bol. Ajouter l'ail, les graines de sésame et le piment. Badigeonner les tranches de gigot avec un peu de ce mélange ; il faut réserver une bonne partie du mélange d'aromates pour le reste de la recette.
- Coincer chaque tranche de gigot entre 2 tranches d'aubergine et ficeler chaque paquet. Badigeonner les aubergines avec le reste du mélange aromatique. Mettre dans un plat allant au four et cuire pendant 30 min à 180 °C (350 °F).
- Après 20 min de cuisson, lorsque le miel et les sucs de cuisson ont caramélisé, ajouter un peu d'eau. On obtiendra ainsi un excellent bouillon.
- Des courges d'hiver bouillies accompagneront à merveille le plat principal. Avant de servir, garnir de canneberges et de persil.

### INGRÉDIENTS

- 1 gigot d'agneau, en tranches
- 60 ml (¼ tasse) de miel, réchauffé
- 60 ml (¼ tasse) d'huile d'olive
- 1 ou 2 gousses d'ail, émincées
- 4 c. à soupe de graines de sésame
- 1 c. à café (1 c. à thé) de piment rouge, séché (facultatif)
- Une pincée de sel
- Une pincée de poivre
- 1 grosse aubergine, coupée sur la longueur en tranches de 1,25 cm (½ po)
- 2 c. à soupe de persil frais
- 60 g (½ tasse) de canneberges séchées
- Ficelle de boucher

## « *Lamburger* »

6 portions • Préparation : 7 min • Cuisson : 10 à 12 min

### INGRÉDIENTS

- 480 g (1 lb) d'agneau haché
- 1 c. à soupe d'herbes salées du bas du fleuve ou 1 c. à café (1 c. à thé) de sel
- 1 œuf
- 35 g (½ tasse) de son ou de gruau
- 1 c. à soupe de moutarde de Dijon
- 1 c. à soupe de câpres
- 10 brins de menthe, les feuilles hachées finement
- 3 échalotes françaises, hachées finement
- Fromage roquefort Ciel de Charlevoix ou du Bleu de la Moutonnière

### PRÉPARATION

**Par Jean-François Samray, Montréal**

*Pour les petites bouches qui peuvent hésiter à manger de l'agneau du Québec, commencez par cette recette, elles ne pourront y résister !*

- Dans un bol, mélanger tous les ingrédients pour obtenir un mélange homogène. L'œuf et le son rendront la préparation bien collante.

- Façonner des galettes minces afin que la chaleur pénètre rapidement au centre de chacune. Il est également recommandé de tourner fréquemment les galettes de viande sur le gril du barbecue afin de conserver une température uniforme des deux côtés.

- Après 10 à 12 min (6 retournements), les « lamburgers » devraient être cuits. La température au centre doit être de 77 °C (171 °F). Après la dernière opération de retournement des galettes, ajouter une tranche de roquefort ou de fromage bleu. Le résultat sera succulent.

#### NOTE

- On peut utiliser cette préparation pour faire un spaghetti à la viande, un riz ou un couscous. Au lieu de galettes minces, faire des petites boulettes bien rondes qui se mangent en une bouchée.

- Pour vérifier le degré de cuisson de l'agneau, qui est meilleur lorsque rosé, utiliser le thermomètre à viande : à une température de 63 °C (145 °F), il sera saignant ; à une température de 68 °C (155 °F), il sera rosé.

## Pâté chinois d'agneau à ma façon

4 portions • Préparation : 30 min • Cuisson : 1 h 30

### INGRÉDIENTS

- 2 ou 3 noix de beurre + un peu d'huile
- 1 kg (2 lb) de tranches d'épaule ou de collier d'agneau
- 300 g (1 ½ tasse) de mirepoix (carottes, oignons, céleri)
- 2 brins de thym
- 250 ml (1 tasse) d'hydromel Blé Noir du Clos des Brumes
- 500 ml (2 tasses) de Fond d'agneau (p. 44)
- 360 g (12 oz) de pommes de terre
- 210 g (7 oz) de céleri-rave
- 3 jaunes d'œuf
- 4 échalotes françaises, hachées
- Sel et poivre
- 15 g (⅓ tasse) de cerfeuil, haché
- 250 ml (1 tasse) de crème 35 %
- 2 épis de maïs frais, égrenés
- 15 g (⅓ tasse) de ciboulette, ciselée

### PRÉPARATION

**Par le chef Jean-François Méthot, de Hostellerie Les Trois Tilleuls, Montérégie**

*Chef depuis avril 1995 à L'Hostellerie Les Trois Tilleuls, Jean-François Méthot prend part à toutes les phases de la transformation. Il fume ses poissons lui-même avec un bois de pommier et confectionne sa propre gelée de cèdre. Ici, c'est le pâté chinois traditionnel qui subira toute une transformation !*

- Dans une sauteuse, faire fondre une noix de beurre avec un peu d'huile et saisir les tranches d'agneau. Ajouter la mirepoix et le thym, puis faire revenir. Déglacer avec 200 ml (¾ tasse) d'hydromel, ajouter le fond d'agneau et laisser cuire au four environ 1 h 30 à 200 °C (400 °F) ou jusqu'à ce que la viande se détache bien des os. Retirer l'agneau de la sauteuse, laisser tiédir, désosser et effilocher à l'aide d'une fourchette. Dans une casserole d'eau salée, cuire les pommes de terre et le céleri-rave. Passer au presse-purée et ajouter 1 ou 2 jaunes d'œuf, une noix de beurre et assaisonner.

- Dans une poêle antiadhésive, faire revenir la moitié des échalotes et ajouter l'agneau effiloché et le cerfeuil. Vérifier l'assaisonnement. Sur une plaque recouverte d'un papier sulfurisé (ciré), mettre 4 emporte-pièce de 8 cm (3 po) de diamètre et 2 cm (¾ po) de hauteur. Remplir chaque emporte-pièce à moitié d'agneau braisé. À l'aide d'une cuillère, bien tasser la viande au fond et recouvrir de la mousseline de pommes de terre et de céleri-rave.

- Dans un petit bol à mélanger, fouetter 80 ml (⅓ tasse) de crème et y ajouter 1 jaune d'œuf, le sel et le poivre. Au moment de servir, mettre 1 c. à soupe de cette crème sur chaque portion de pâté et mettre au four bien chaud de 6 à 7 min. Pendant ce temps, faire revenir le maïs et le reste des échalotes au beurre. Déglacer à l'hydromel, ajouter le reste de crème et laisser réduire. Saler et poivrer. Mettre la ciboulette au dernier moment.

- Retirer les pâtés du four et les déposer chacun sur une assiette. (Si les pâtés ne sont pas assez dorés, passer chaque assiette au four à *broil* quelques instants.) Retirer l'emporte-pièce, déposer la crème de maïs tout autour du pâté ainsi qu'un filet de jus d'agneau. On peut prévoir pour la décoration du plat une tuile de pommes de terre et un bouquet de fines herbes.

## Keftas

4 portions • Préparation : 12 min • Cuisson : 10 min

**Par Jean-François Samray, Montréal**

*Le kefta est une boulette d'agneau haché façonnée autour d'une baguette. Il s'agit d'un mets très prisé lors des grillades familiales et pique-niques organisés par la communauté maghrébine de Montréal. Vous avez des doutes ? Une marche par un beau samedi ou dimanche après-midi dans le parc des îles de Boucherville vous en convaincra.*

### PRÉPARATION

- Mélanger tous les ingrédients dans un bol. Lorsque le mélange est homogène, façonner à la main autour des baguettes ou des broches de cuisson. Si on utilise des baguettes de bois, il est préférable de les laisser préalablement tremper 1 h dans un bol d'eau. Cette opération devrait leur permettre de ne pas se consumer pendant la cuisson.

- Une couche mince façonnée autour de la baguette permettra à la chaleur d'entrer plus rapidement à l'intérieur. Par conséquent, la température sécuritaire de 77 °C (171 °F) est atteinte plus rapidement au centre.

### NOTE

- Le jus de citron abaisse le pH de la préparation. Cette pratique ralentit de beaucoup la propagation des bactéries. Il s'agit d'un petit truc qui pourrait faire toute la différence si la température de la glacière devient trop élevée.

- Ne jamais remettre les keftas dans le contenant qui a servi à les transporter avant leur cuisson.

### INGRÉDIENTS

- 400 g (2 tasses) d'agneau haché
- 60 g (½ tasse) de chapelure
- 20 g (½ tasse) de persil, haché
- 1 c. à café (1 c. à thé) de cannelle moulue
- ½ c. à café (½ c. à thé) de cumin moulu
- ½ c. à café (½ c. à thé) de thym
- 1 c. à café (1 c. à thé) de sel
- Le jus d'un citron vert ou d'un demi-citron
- 2 échalotes françaises, hachées finement (facultatif)
- 1 œuf (facultatif, mais aide à la bonne tenue sur la baguette)

## Rouleaux du printemps à l'agneau

**4 portions • Préparation : 10 min • Cuisson : 90 sec**

### Par Jean-François Samray, Montréal

*Une fois que vous aurez acquis la technique de base, vous pourrez laisser aller votre imagination à l'infini pour créer de délicieuses variantes. On sert les rouleaux avec la traditionnelle sauce au poisson ou encore avec une sauce à l'arachide.*

## PRÉPARATION

- Faire tremper les galettes de riz une après l'autre dans le bol d'eau environ 15 sec. Cette opération les rendra translucides et malléables.
- Pendant ce temps, faire chauffer l'agneau dans son jus de cuisson ou le cuire 90 sec au four à micro-ondes.
- Mettre délicatement une galette de riz dans une grande assiette. Parsemer la surface de chou chinois et de carottes.
- Ajouter des lanières d'agneau au centre ; commencer à 5 cm (2 po) du bord et arrêter à la même distance de l'autre côté.
- Ajouter la coriandre.
- Rabattre les sections de la galette placées perpendiculairement à la ligne de viande puis la rouler sur elle-même dans le sens de la ligne de viande.
- Pour les autres galettes, reprendre le même processus. Pour éviter des difficultés, ne pas trop garnir les galettes de riz.

### NOTE

Pour transformer les rouleaux du printemps en rouleaux impériaux, mettre les rouleaux dans la friteuse environ 10 min, le temps que la pâte devienne dorée et croustillante.

## INGRÉDIENTS

- 6 à 8 galettes de riz
- 1 grand bol rempli d'eau
- 120 g (4 oz) d'agneau déjà cuit, en lanières (les restes d'un gigot ou d'épaule de préférence)
- 200 g (1 tasse) de chou chinois ou de laitue iceberg, en fines lanières
- 2 carottes, râpées
- Coriandre fraîche ou feuilles de menthe

## Gribouille à la merguez d'agneau

4 à 6 portions (en accompagnement)
Préparation : 1 h + 3 h 30 • Cuisson : 8 min

**Par le chef Ricardo Arnoult, de L'Amour du Pain, Montérégie**

*Les petites bouchées de Ricardo Arnoult mettront vos invités en appétit.*

### INGRÉDIENTS

**PÂTE À PAIN**
- 2 c. à café (2 c. à thé) de levure sèche Freshman
- 600 ml (2 1/3 tasses) d'eau de source
- 1 kg (2 1/2 lb) de farine non blanchie
- 2 c. à soupe de sel de mer fin

**BEURRE TOMATÉ AU ROMARIN ET AU THYM FRAIS**
- 380 g (2/3 lb) de beurre non salé
- 90 g (1/2 tasse) de pâte de tomates
- 16 g (1/4 de tasse) de thym frais, haché finement
- 16 g (1/4 de tasse) de romarin frais, haché finement

- 90 g (3 oz) ou 2 merguez d'agneau, cuites et hachées finement
- Emmental, râpé

### PRÉPARATION

- Verser la levure dans un bol et la délayer dans un peu d'eau légèrement chaude. Dans un saladier, mélanger la farine et le sel. Au centre de ce mélange, creuser un petit puits et verser la levure délayée et le restant d'eau. Bien mélanger. Une fois la pâte bien ferme, la pétrir quelques minutes sur un plan de travail. Remettre la pâte dans le saladier et couvrir d'un linge propre légèrement humide. Laisser reposer le mélange à température ambiante pendant 2 h.

- Pendant ce temps, incorporer tous les ingrédients du beurre tomaté dans un robot de cuisine et mélanger jusqu'à ce que le beurre soit bien homogène. En étendre une couche d'environ 6 mm (1/4 po) sur une feuille de papier sulfurisé (ciré), puis réserver au froid.

- Une fois le temps de repos de la pâte écoulé, l'abaisser au rouleau à pâtisserie pour obtenir un rectangle d'environ 2 cm (3/4 po) d'épaisseur. Ensuite, déposer le beurre tomaté au centre de la pâte et recouvrir le beurre à l'aide de la pâte qui dépasse. Allonger cet ensemble d'environ 3 fois sa longueur initiale et le replier en trois sur lui-même.

- Recommencer cette opération (allonger et replier en trois) en laissant un temps de repos au froid de 10 min entre chaque tour. Avant chaque nouveau tour, faire pivoter la pâte de façon à changer le sens de l'allonge.

- Vingt minutes après le troisième tour, ouvrir la pâte et étendre les merguez de façon qu'elles soient réparties sur les deux côtés de la pâte. Refermer le tout, puis abaisser cette préparation jusqu'à une épaisseur d'environ 1 cm (1/2 po). Découper en bandelettes et les rouler dans de l'emmental, puis vriller ces bandelettes et les mettre sur une plaque allant au four recouverte d'une feuille de papier sulfurisé.

- Laisser lever 1 h 30, puis mettre au four à 260 °C (500 °F) de 7 à 8 min.

## Risotto à l'agneau

**4 portions • Préparation : 10 min • Cuisson : 10 min**

**Par Jean-François Samray, Montréal**

*Le risotto est un classique de l'Italie du Nord. Utilisez un riz rond, puisque ce dernier absorbe mieux le liquide. Le meilleur est le riz arborio, mais vous pouvez également prendre une autre variété de riz rond.*

### PRÉPARATION

- Dans une poêle, chauffer 2 c. à soupe d'huile à feu vif. Faire sauter les échalotes et les champignons en remuant constamment. Après 3 min, ajouter les poivrons. Attendre 3 min supplémentaires, puis ajouter l'agneau. Bien mélanger, puis retirer du feu et réserver. Les légumes devraient être réduits et dorés.

- Dans un poêlon, amener à ébullition le fond d'agneau, puis réduire le feu pour laisser frémir. Le but de cette opération est d'obtenir un liquide qui sera tout près du point d'ébullition.

- Dans une grande poêle (la superficie de la surface de contact joue un rôle important), faire chauffer le reste d'huile à feu vif. Verser les grains de riz et mélanger constamment à l'aide d'une spatule de bois afin de dorer les grains de riz. Retirer la poêle du feu et y ajouter une louche de fond d'agneau. Attention : il s'en dégagera une grande vapeur ; c'est tout à fait normal.

- Remettre la poêle sur le feu et mélanger énergiquement avec la spatule. Comme la surface d'évaporation est importante, il ne faut pas s'étonner si après 30 ou 40 sec il ne reste plus de liquide.

- Retirer du feu une seconde fois et verser une seconde louche de fond d'agneau. Remettre sur le feu et mélanger de nouveau. Lorsqu'il ne reste presque plus de trace du bouillon, recommencer l'opération. Vous aurez à refaire cette opération jusqu'à ce qu'il ne reste qu'une louche de fond d'agneau non utilisée.

- À ce moment-là, verser les légumes et l'agneau, le fond d'agneau restant et le fromage. Continuer de mélanger. Retirer du feu lorsqu'il reste encore un peu de bouillon visible. Couvrir 2 min et servir.

### INGRÉDIENTS

- 60 ml (¼ tasse) d'huile d'olive
- 3 échalotes françaises, hachées finement
- 6 têtes de champignons shiitake (les queues ne se mangent pas) ou 1 champignon portobello, hachés finement
- ½ poivron rouge, haché finement
- 120 g (4 oz) d'agneau cuit (gigot, épaule ou jarret), en petits cubes
- 1,5 litre (6 tasses) de Fond d'agneau (p. 44)
- 240 g (1 tasse) de riz arborio
- 60 g (¼ tasse) de parmesan ou de romano, fraîchement râpé

## Sauté d'agneau au pak-choï

4 portions • Préparation : 18 min • Cuisson : 12 min

### INGRÉDIENTS

- 2 c. à soupe d'huile d'arachide ou d'huile d'olive
- 1 oignon, en cubes, ou 4 échalotes, émincées
- 4 gousses d'ail, émincées
- 10 chapeaux de champignons shiitake, en tranches (les pieds ne se mangent pas)
- 1 poivron rouge, épépiné et coupé fines tranches
- 2 c. à soupe de gingembre frais, haché finement
- 2 pak-choï, partie blanche en tranches et feuilles hachées
- 210 g (7 oz) d'agneau (gigot ou épaule), en cubes ou en lanières
- 1 c. à café (1 c. à thé) de sel ou de GMS (glutamate monosodique)
- Quelques tiges de coriandre fraîche, hachées
- 1 litre (4 tasses) de Fond d'agneau (p. 44)
- Vermicelle de riz
- ½ échalote, hachée

### PRÉPARATION

Par Jean-François Samray, Montréal

*Vous pouvez accompagner ce plat de plusieurs sauces allant de la sauce soja à la sauce au piment rouge, plus piquante et relevée.*

- Chauffer l'huile à feu vif dans un wok. Faire revenir les oignons et l'ail en remuant à l'aide d'une spatule de bois. Ajouter les champignons, les poivrons, le gingembre, la partie blanche des pak-choï, l'agneau et le sel.

- Remuer environ 5 min, afin d'assurer une cuisson uniforme.

- Ajouter les feuilles de pak-choï. Cuire environ 2 min. Retirer du feu et ajouter la coriandre.

- Dans une petite casserole, amener le fond d'agneau à ébullition. Ajouter les vermicelles de riz et laisser cuire environ 5 min ; le temps de cuisson varie selon l'épaisseur et la largeur des vermicelles, car ils sont vendus sous diverses formes.

- Garnir d'échalotes.

#### NOTE

- Afin de bien coordonner le tout, les vermicelles devraient être ajoutés au fond d'agneau tout de suite après avoir mis les cubes d'agneau dans le wok.

- Servir les vermicelles dans un bol avec un peu de bouillon et mettre l'agneau et les légumes sur le dessus.

# ABATS

## Foie d'agneau poêlé et rouleau de courgettes au fromage de brebis

6 portions (entrées) • Préparation : 4 à 6 h + 20 min • Cuisson : 4 min

**Par le chef Luc Gielen, du restaurant Le Sans-Pareil, Outaouais**

*Établi depuis 1992, Le Sans-Pareil n'a cessé de participer au développement de la gastronomie en Outaouais. Son chef, Luc Gielen, partage ici un peu de ses connaissances et de son talent.*

### PRÉPARATION

- Dans une poêle, chauffer 2 c. à soupe d'huile et faire revenir rapidement les courgettes.
- Étaler ces tranches côte à côte sur du papier parchemin, saler, poivrer et réserver.
- Dans un bol, mélanger la feta, la crème, l'origan, la fleur d'ail, la moitié des échalotes et les pignons. Saler, poivrer et mettre ce mélange au centre de chaque tranche de courgette. Former un rouleau, couvrir et réserver au réfrigérateur de 4 à 6 h.
- Tailler ce rouleau en 6 médaillons et en garnir le centre de 6 assiettes.
- Dans une poêle, faire chauffer le reste d'huile à feu moyen-élevé, colorer légèrement les petits lardons et saisir les tranches de foie 1 min de chaque côté. Ajouter le reste des échalotes et verser le vinaigre. Disposer harmonieusement dans les assiettes, garnir de persil et de coulis de tomate. Servir aussitôt.

### INGRÉDIENTS

- 2 courgettes, tranchées en biais (sans entamer le cœur)
- 60 ml (¼ tasse) d'huile d'olive
- Sel et poivre fraîchement moulu
- 300 g (2 tasses) de feta de brebis
- 60 ml (¼ tasse) de crème 35 %
- 4 c. à soupe d'origan frais, haché
- 2 c. à soupe de fleur d'ail
- 4 c. à soupe d'échalotes, ciselées
- 2 c. à soupe de pignons
- 6 tranches de bacon, en petits lardons
- 6 tranches de foie d'agneau, taillées en 3 (18 morceaux)
- 2 c. à soupe de vinaigre balsamique
- Persil, haché
- Coulis de tomate

## Mousse de foie d'agneau aux craterelles

6 à 8 portions • Préparation : 10 min + 24 h • Cuisson : 2 h 30

Par Bernard Tremblay et Yvonne Lefort, artisans-cuisiniers de plantes sauvages du restaurant L'Arôme des Bois, Lanaudière

*L'Arôme des bois aime faire découvrir aux amateurs de gastronomie les saveurs oubliées de nos forêts. Le mets que voici vous initiera aux craterelles, des champignons trop rares dans nos assiettes.*

### PRÉPARATION

- Passer le foie, le lard, les oignons et l'ail au hachoir.
- Mettre le mélange dans le haut d'un bain-marie, ajouter le poivre, les craterelles et l'alcool d'érable.
- Faire cuire lentement pendant 2 h 30.
- Ajouter la crème 15 min avant la fin de la cuisson.
- Verser dans un moule et laisser refroidir au réfrigérateur.
- Les pâtés se démouleront mieux après avoir passé 24 h au réfrigérateur ; on peut les congeler, mais il sera important de les décongeler doucement au réfrigérateur et non à température ambiante.

\* On peut remplacer les craterelles par des cèpes ou des morilles séchées.

### INGRÉDIENTS

- 480 g (1 lb) de foies d'agneau, nettoyés
- 210 g (7 oz) de lard salé gras, en dés
- 3 c. à soupe d'oignon, en dés
- 1 gousse d'ail
- 1/4 c. à café (1/4 c. à thé) de poivre
- 1 c. à soupe de craterelles séchées\*, en petits morceaux
- 60 ml (1/4 tasse) d'alcool d'érable
- 125 ml (1/2 tasse) de crème 35 %

## Salade tiède de ris d'agneau et de chanterelles, vinaigrette à la betterave

4 portions • Préparation : 1 h 15 • Cuisson : 25 min

### INGRÉDIENTS

**RIS D'AGNEAU**
- 480 g (1 lb) de ris d'agneau
- 240 g (8 oz) de mirepoix (carottes, oignons, céleri)
- 2 brins de thym
- 1 pincée de sel
- 1 c. à soupe de poivre noir entier
- 2 c. à soupe de vinaigre de cidre
- 1,5 litre (6 tasses) d'eau

**VINAIGRETTE**
- 210 g (7 oz) de betteraves, pelées
- 50 g (¼ tasse) de sucre
- 2 c. à soupe d'eau
- 60 ml (¼ tasse) de vinaigre de xérès
- 1 c. à soupe de moutarde de Dijon
- 2 c. à soupe d'échalotes françaises, hachées
- 125 ml (½ tasse) d'huile d'olive

**SALADE**
- 240 g (8 oz) de laitue mesclun
- 2 c. à soupe d'huile de noisette
- ½ citron
- Sel et poivre
- 150 g (5 oz) de chanterelles ou autres champignons
- 1 échalote française, ciselée
- 12 pointes d'asperges, cuites à l'eau salée

### PRÉPARATION

**Par le chef Jean-François Méthot, de Hostellerie Les Trois Tilleuls, Montérégie**

*En utilisant les produits régionaux, Jean-François Méthot a su apporter sur sa table des produits de grande qualité bien de chez nous. Pour un résultat sans pareil, faites comme lui et tirez profit des splendeurs de nos terres.*

- Faire dégorger les ris d'agneau dans de l'eau froide 1 h.

- Dans une casserole, faire revenir la mirepoix dans un peu d'huile. Ajouter le thym, le sel, le poivre, le vinaigre et l'eau.

- Porter à ébullition 5 min, ajouter les ris d'agneau et cuire 4 à 5 min, puis refroidir sous l'eau froide. Dénerver les ris (enlever la petite membrane et les nervures), les couper en petites tranches et réserver.

- Passer les betteraves à la centrifugeuse pour récupérer le jus. Dans une casserole, chauffer l'eau et le sucre pour en faire un caramel. Lorsque celui-ci est doré, verser le vinaigre et le jus de betterave. Amener à ébullition, retirer du feu et laisser tiédir. Dans un bol, mélanger la moutarde et les échalotes au jus de betterave et monter à l'huile d'olive. Rectifier l'assaisonnement.

- Dans un saladier, mélanger la laitue, l'huile de noisette et le jus de citron. Saler et poivrer.

- Dresser la laitue dans 4 grandes assiettes.

- Dans une poêle antiadhésive bien chaude, faire sauter les chanterelles avec les échalotes et réserver. Toujours dans la même poêle, saisir les ris d'agneau avec un peu de beurre fondu ; bien faire colorer et ajouter les chanterelles et les échalotes réservées pour les réchauffer. Vérifier l'assaisonnement. Disposer harmonieusement tout autour de la salade, arroser de vinaigrette à la betterave et garnir de quelques pointes d'asperges.

## Ris d'agneau braisé au porto et aux avelines

4 portion • Préparation : 24 h + 15 min • Cuisson : 30 min

### INGRÉDIENTS

- 4 lobes de ris d'agneau
- 1 carotte
- ¼ oignon
- 1 branche de céleri
- ½ poireau
- 80 ml (⅓ tasse) de porto
- Sel et poivre
- 1 poignée d'avelines, émondées
- 1 échalote sèche, hachée
- 250 ml (1 tasse) de fond de veau
- 60 ml (¼ tasse) de crème à cuisson

### PRÉPARATION

**Par le chef Pascal Gagnon, du Manoir de Tilly, région de Québec**

*Il y a encore au Québec des villages peu connus qui évoquent bien les débuts du siècle comme Saint-Antoine de Tilly, où se situe le Manoir de Tilly, érigé en 1786. Le temps semble être suspendu dans ce petit coin du monde. Avec le mets qui suit, vous goûterez à une cuisine éternelle.*

- Dégorger les ris d'agneau 24 h dans l'eau froide.
- Dans une casserole remplie d'eau bouillante, blanchir les ris, puis les laisser refroidir.
- Cuire à nouveau, pendant 15 min, avec la carotte, l'oignon, le céleri et le poireau.
- Au terme de la cuisson, retirer les ris de l'eau, les couper en 4 et les mettre dans un plat allant au four.
- Arroser de porto, saler et poivrer et mettre au four à 180 °C (350 °F) à découvert 30 min.
- Arroser à l'occasion et ajouter les avelines vers la fin pour ne pas qu'elles brûlent. Sortir les ris et réserver sur une plaque.
- Dans une poêle, chauffer un peu de beurre et faire suer les échalotes.
- Déglacer avec le jus de cuisson et les avelines. Ajouter le fond de veau et laisser réduire du tiers.
- Ajouter la crème, rectifier l'assaisonnement et servir.

# Index

## A

Agneau au gros sel à la façon Bergerie de Tilly, 40
Agneau tomaté au parfum de menthe, 62
Agneau vapeur, 65

## B

Brasato di Stinco d'Agnello, jarrets d'agneau braisés aux anchois et aux tomates, 68
Brochettes d'agneau tandouri, 92

## C

Capicollo et tartare d'agneau bio de la Ferme Moreau et salade de légumes grillés, 101
Cari d'agneau, 78
Carré d'agneau à l'ancienne, 34
Carré d'agneau de la Ferme Moreau de St-André, rôti au pesto de champignons sauvages, sauce au miel doré, 29
Carré d'agneau du Québec laqué au miel des Laurentides, avec gâteau de pommes de terre à l'ail doux et simple jus d'agneau au thym, 30
Carré d'agneau sur purée de céleri-rave et poivrons grillés, sauce à l'ail rôti et au basilic, 28
Carré de «l'agneau du gourmet», farci de fromage La patte blanche, sauce à la tomate et au thym frais, 33
Cassoulet à l'agneau, 81
Citrouille farcie à l'agneau, 95
Complètement couscous, 82
Côtelettes d'agneau au gorgonzola, 24
Côtelettes d'agneau aux herbes aromatiques et sauce à la crème, 23
Côtelettes d'agneau aux trois vins, 22
Côtelettes d'agneau de St-Marc en crépinette de légumes à la fleur d'ail, 21
Crème d'automne aux saveurs d'hiver, 15

## E

Épaule d'agneau au safran, 50
Épaules d'agneau de lait rôties aux deux olives, 45
Épaule d'agneau en brochettes avec sa marinade à la bière blanche, 47

## F

Fajitas à l'agneau, 96
Foie d'agneau poêlé et rouleau de courgettes au fromage de brebis, 120
Fond d'agneau, 44

## G

Gigot au cidre fort, 62
Gigot d'agneau à l'ail, 54
Gigot d'agneau au citron et au romarin, 56
Gigot d'agneau au cumin, 55
Gigot d'agneau de lait de la Ferme Moreau braisé au parfum d'épices de Voilà Masala et aux légumes du maraîcher René Piché, 64
Gigot de sept heures aux canneberges séchées et au Duo du paradis, 60
Gigot, sauce à l'italienne, 59
Gribouille à la merguez d'agneau, 113

## J

Jarret d'agneau en gelée, 73
Jarrets d'agneau de sept heures, 72
Jarrets d'agneau en osso-buco, 71
Jarrets d'agneau façon Toits Bleus, 71

## K

Keftas, 108

## L

L'agneau de Madame St-Jean, le collier laqué au caramel de tomate, orzotto lié au vieux cheddar et rapinis pimentés, 35

L'agneau servi froid: la trilogie des sandwichs, 100
«Lamburger», 105
Le classique revisité, agneau et orge, 14
Le coincé d'aubergine, 102
Longe d'agneau à la moutarde, pleurotes poêlées à l'ail et beurre à la lavande, 42
Longe d'agneau en panade d'herbes et sa décoction de camarine noire (tisane Inuit), 41

### M

Mafé aux gombos, sauce à l'arachide, 79
Méchoui, 84
Médaillon d'agneau poêlé au Victor et Berthold, accompagné de têtes de violon à l'érable et de gnocchis, 37

Mousse de foie d'agneau aux craterelles, 122

### N

Navarin d'agneau à la bière, 86

### P

Pâté chinois d'agneau à ma façon, 107
Petit parmentier d'agneau sur velouté de pois verts du jardin, 99

### R

Ragoût d'artichauts, 87
Ris d'agneau braisé au porto et aux avelines, 125
Risotto à l'agneau, 114
Rôti d'épaule d'agneau à la cannelle et au gingembre, 49
Rouleaux du printemps à l'agneau, 110

### S

Salade tiède de ris d'agneau et de chanterelles, vinaigrette à la betterave, 123
Sauté d'agneau au pak-choï, 117
Shorba frik, 17
Soupe à l'oignon, 12
Souris d'agneau braisées aux parfums d'épices, 74

### T

Tajine d'agneau aux pommes et aux canneberges
Tajine d'agneau aux pruneaux, 85
Tourtière à l'agneau, 98
Tranches de gigot du Québec à l'ail doux et au romarin
Tranches d'épaule d'agneau à la ratatouille, 48

INTRODUCTION 7

■

SOUPES 11

■

CÔTELETTES 19

■

CARRÉS ET MÉDAILLONS 27

■

LONGE ET ÉPAULE 39

■

GIGOT 53

■

JARRET 67

■

MIJOTÉS 77

■

AUTRES FANTAISIES 91

■

ABATS 119

■

INDEX 127

Achevé d'imprimer au Canada
sur les presses des Imprimeries Transcontinental Inc.